# Albrecht der Bär

Albrecht
der
Bär

Wolfram Babinecz / Karl-Heinz Meyer

# Albrecht der Bär

Die Grafen von Ballenstedt,
Herzöge von Sachsen, Fürsten von Anhalt
und das Bundesland Sachsen-Anhalt

Ein Lesebuch
für Jung und Alt

Æ

Anhalt Edition Dessau
2022

**Der Verlag dankt den beiden Autoren Dr. Wolfram Babinecz und Karl-Heinz Meyer sowie dem Askanischen Hausorden Albrecht der Bär für die finanzielle Unterstützung zur Drucklegung dieses Werkes.**

Die Deutsche Nationalbibliothek verzeichnet diese Publikation in der Deutschen Nationalbibliografie; detaillierte bibliografische Daten sind im Internet über http://dnb.d-nb abrufbar


E-Mail: anhaltedition@gmx.de

**ISBN 978-936383-32-4**

Printed in Germany
1. Auflage, 1000 Exemplare

Impressum
Lektorat/Gesamtredaktion: Helmut Erfurth/Thomas Erfurth
Bildbearbeitung/ Layout: SIGNA Graphic Design Atelier Fischer, Quedlinburg
Gesamtherstellung: Quedlinburg Druck GmbH

*Ballenstedt um 1700 (nach Beckmann, Ausschnitt). Sammlung Karl-Heinz Meyer*

# Geleitwort

Es erstaunt mich jedes Mal wieder, wenn ich erfahren darf, mit welchem Interesse, ja welcher Liebe über die Heimat und die Geschichte der Askanier geschrieben wird. Wie mein Vater Herzog Joachim Ernst immer sagte: Askanier sind alle Bewohner Anhalts, ohne sie hätte unser kleines Land im umkämpften Herzen Deutschlands niemals rund tausend Jahre bestehen können. Die Autoren dieses Buches, Dr. Wolfram Babinecz und Karl-Heinz Meyer, bestätigen diese Feststellung meines Vaters, dass Anhalt es geschafft hat, von einer askanischen Grafschaft über mehr als 800 Jahre hin bis zum Bindestrich-Land Sachsen-Anhalt der Bundesrepublik Deutschland weiter zu existieren.

Besonders stolz bin ich darauf, dass die Askanier Anhalts in ihrem exponierten Ländchen sich gegen die Begehrlichkeiten der zollernschen und wettinischen Nachbarn behaupten konnten, dass sie nach dem Desaster des Dreißigjährigen Krieges keine Steuern mehr erhoben, sondern als Feldmarschälle und Generäle ihr Geld als „Gastarbeiter" verdienten. Genau so beeindruckt mich mein Ururgroßvater Leopold Friedrich Franz durch seine führende Rolle als „Aufklärer" und mit seinen englischen Gärten der Aufklärung im Dessau-Wörlitzer Gartenreich. – Dank der Zuneigung der anhaltischen Bevölkerung zu ihrem Herzogtum Anhalt-Askanien wurde Anhalt eines der industrialisiertesten Länder im Deutschen Bund. Innerhalb von 40 Jahren konnte die Zahl der Einwohner von 30 000 auf 330 000 ansteigen. Wie gut die Beziehungen zwischen Bevölkerung und Herzoghaus waren, zeigten die Ereignisse der Revolution 1918. Der rote Soldatenrat Dessau und die bürgerlichen Parteien stellten meiner Familie Beschützer zur Seite, um sie vor angereisten Revolutionären aus Berlin zu schützen. Daher verliefen die Ereignisse in Anhalt friedlich. Aus meinem Vater, dem regierenden Herzog, wurde ein Student der Land- und Forstwirtschaft und Familienmanager, bis die Nazis alles zunichte machten. Aber das ist eine andere Geschichte und nachzulesen in meinem Buch „Das verfluchte Jahrhundert".

Den beiden Autoren, Rittern des Askanischen Hausordens, wünsche ich viele interessierte Leser.

*Eduard Prinz von Anhalt, Herzog zu Sachsen*

# Vorwort

Das Jahr 2012 war für das Bundesland Sachsen-Anhalt das Erinnerungsjahr an „800 Jahre Anhalt".
Ein Anlass auch, nachzusinnen, wie sich unser Land aus jener fernen Zeit zum heutigen Bundesland entwickelt hat.
Stolz blicken andere Bundesländer, wie Thüringen, Bayern, Sachsen, Brandenburg, um nur einige zu nennen, auf ihre lange, sicherlich in keinem Falle schmerzlos gebliebene, Tradition, und stolz kann auch Sachsen-Anhalt sein auf das in 800 langen Jahren erkämpfte, gegen viele Umbrüche errungene Heutige. Etwas unscharf kann man sagen: hier formte sich „Mitteldeutschland", hier baute in großer Fülle die Romanik, hier war das Zentrum der Reformation, hier bildete sich ein bedeutendes Zentrum der Aufklärung, der Geisteswissenschaften, der Naturwissenschaften, der Technik.

Am Anfang dieser 800 Jahre stand **Anhalt**.

Und dieses Anhalt ist eine Schöpfung des mittelalterlichen Fürstengeschlechtes der Askanier mit seiner bedeutendsten Persönlichkeit Albrecht – Albrecht dem Bären.

Sachsen-Anhalt steht in der Tradition dieses bis in die heutige Zeit reichenden Herrschergeschlechts.

Die Autoren haben mit dieser Schrift versucht, einen Blick in diese Vergangenheit zu öffnen, stumme Zeugen der Geschichte erzählen zu lassen und Beziehungen zu unserem Bundesland deutlich zu machen. Und sie regen an, den historischen Spuren zu folgen.

Die Orte – die vielen kleinen Dörfer, die Klein-, Mittel- und wenigen Großstädte und das Wege-, Straßen-, Wasserstraßen- und Eisenbahnnetz, das sie heute verbindet und durchzieht, das ganze Kulturgefüge, hat sich ununterbrochen seit 1100, 1200 Jahren aus kleinsten Anfängen – oft in blutigen Auseinandersetzungen – zu seinen heutigen Formen entwickelt. Ein solches Netzwerk kann nur entstehen, wenn das Bedürfnis nach Austausch von Gütern, Gedanken und religiösen Gefühlen besteht, wenn man gemeinsam der bedrohlichen Natur widerstehen will, wenn Menschen auftreten, die diese Dinge organisieren und die Herrschaft ausüben wollen.

Im Mittelpunkt des Geschehens stand und steht immer das soziale Wesen „Mensch". Der Einzelne aber ist eingebettet in seine Gemeinschaft, und jede Gemeinschaft bedarf ordnender Köpfe und Hände.
So einer war Albrecht der Bär.

Durch ***eine Lebenswirklichkeit nach der andern*** sind wir in Harmonie oder Gegnerschaft über die unübersehbaren Generationen unserer Eltern, Großeltern, Urgroßeltern und Vorfahren hin mit jenen Menschen verbunden, wenn wir natürlich längst nicht um alle wissen.
Das ist unsere Geschichte.

Sie begann nicht erst vor 1200 Jahren, als Karl der Große das Frankenreich mit seinem germanisch - keltisch-römisch -christlichen Erbe vom heutigen östlichen Frankreich bis an die Elbe und Saale ausdehnte –
sie hat eine europäische Vorgeschichte:

Von den in einzelnen Stämmen mit verwandten Sprachen isoliert und ohne staatliche Verbindungen über ganz West-, Mittel-, Nord- und Osteuropa lebenden Germanenvölkchen zogen die mehr nord-. und ostwärts siedelnden – vielleicht auf der Suche nach besserem Acker, nach Bodenschätzen, besserem Klima, Schutz vor den Mongoleneinfällen – (?), über eine lange Zeitspanne, etwa zwischen 300 und 500 n. Chr., also vor 1800 bis 1500 Jahren, aus ihren Siedlungsräumen in westlichere (Mitteleuropa) und südlichere (Italien, Spanien) Landschaften. Das war die Völkerwanderungszeit.

Etwa 200 bis 300 Jahre später siedelten slawische Völker in den von den Germanen aufgegebenen östlichen Gebieten. Um 700–800 n.Chr. waren sie bis an die Elbe und Saale gekommen, erobernd oder verlassene Räume besetzend. Diese beiden Flüsse bildeten nun die östliche Grenze des Karolingerreiches. Magdeburg wurde befestigter Handels- und Sicherungsort.

Nach dem Tod Karls des Großen im Jahre 814 und später seiner Erb-Nachfolger ging die Herrschaft im mitteldeutschen Raum auf die hier beheimateten Fürstengeschlechter über, vor allem Sachsen (heutige Ost- und Westfalen, Hessen), Schwaben und salische Franken. Große Namen stehen am Anfang: König Heinrich I. mit seinem Machtzentrum Quedlinburg und sein Sohn Kaiser Otto I. (der Große) mit Magdeburg, seit 968 Erzbistum.

Es ist unsere engste Region! Ottos wichtigster Vasall, Markgraf Gero, war behaust auf der Gersdorfer Burg, er gründete die Stiftskirchen Gernrode und Frose. Seine Grafen verwalteten die Dörfer Rieder, Badeborn, Radisleben und nicht zuletzt Ballenstedt – Vorfahren der Askanier.

Die ständigen Einfälle aus den östlichen heidnischen Gebieten (Ungarneinfälle) ***zwangen*** und das Gebot der christlichen Mission sowie der Machterweiterung ***trieb*** diese Herrscher von etwa 920 an, das entstehende „Heilige Römische Reich Deutscher Nation" an der Donau und im Gebiet östlich von Saale und Elbe, weiter nach Osten auszudehnen – in unserem Raum bis zur Oder –, in teilweise recht grausamen Kämpfen auf beiden Seiten. Dass die Besiedlung durch slawische Volksstämme damals erst 150 bis 200 Jahre zurücklag, hatte die kollektive Erinnerung möglicherweise bewahrt.

So entstanden die Ostmark von der Elbe/Saale bis zur Oder und die Billunger Mark in Mecklenburg bis zur Ostsee.

Im großen Slawenaufstand von 983 ging die faktische Macht in diesen Reichsgebieten wieder verloren.

Erst etwa 170 Jahre später gelang es, die Machthoheit über dieses Gebiet zurück zu gewinnen, diesmal endgültig. Aus der alten ottonischen Ostmark wurden seit etwa 1050 die Meißener Mark, die Mark Lausitz und die Nordmark. – „Marken" waren damals die Grenzgaue, die von den mit besonderer königlicher Macht- und Herrschaftsbefugnis ausgestatteten Grenzgrafen, den Markgrafen, regiert wurden. Der Mann, der in der entscheidenden Zeit zwischen 1120 und 1170 die Machtverhältnisse im mitteldeutschen Raum zugunsten des Reiches befestigte, war der askanische Graf von Ballenstedt und spätere **Markgraf** von Brandenburg – **Albrecht der Bär.**

Anders als seine Vorgänger gewann er dem Reich die zwischen Elbe-Havel und Spree wohnenden slawischen Heveller vorwiegend auf diplomatischem Wege und nur im Notfall mit kriegerischer Gewalt.

Diesem Herrscher widmet sich die vorliegende Schrift, und sein Todesjahr 1170 war Anlass für die Stadt Ballenstedt, aber auch das Land Sachsen-Anhalt, seiner nach 850 Jahren besonders zu gedenken.

Die Erinnerung verdichtete sich schon ein Jahr vorher, 2019, bei dem am 26. und 27. September im Ballenstedter Schloss abgehaltenen wissenschaftlichen Kolloquium *„Albrecht der Bär, Ballenstedt und die Anfänge Anhalts"*. Auf dieser Tagung ging es um die Erarbeitung eines modernen Albrechtbildes.

Das große Interesse, welches das zahlreiche Auditorium dieser Veranstaltung entgegenbrachte, zeigt eindrucksvoll, ein wie starker Wunsch besteht, unsere lebendige Gegenwart mit ihren historischen Wurzeln verbunden zu wissen.

In dem beim Zentrum für Mittelalterausstellungen in Magdeburg erschienenen Tagungsband wurden die Ergebnisse des Kolloquiums zusammengetragen (2020).

Am 18. November 2019 wurde nach langer Planung und Vorbereitung unter Teilnahme der direkten Nachkommen Albrechts des Bären, des Prinzen Eduard von Anhalt und seiner Familie sowie Mitgliedern des Askanischen Hausordens und in Anwesenheit des Albrecht-Biographen Dr. Lutz Partenheimer auf dem Ballenstedter Schlosshof die Albrecht-Statue enthüllt.

Ballenstedts Bürgermeister Dr. Michael Knoppik würdigte in seiner Rede das Engagement der Ballenstedter Bürger, des Kulturvereins Wilhelm von Kügelgen und des Askanischen Hausordens. Mit der Enthüllung startete die Stadt Ballenstedt ein Albrecht-Jahr mit weiteren Aktivitäten.

Im September 2020 wurde von der Stadt Ballenstedt, dem Harzklubzweigverein, dem Tourismusverband, unter Mitwirkung des Askanischen Hausordens Albrecht der Bär, der Albrecht-Weg eingeweiht, der den Schlossberg mit der Ruine der Burg Anhalt auf dem Großen Hausberg über dem Selketal verbindet.

Den Abschluss des Gedenkjahres bildete die Gedächtnisfeier an die Beisetzung Albrechts des Bären vor 850 Jahren in der Nicolaikapelle des Ballenstedter Schlosses am 18. November 2020.

Die vorliegende Schrift ist eine Zusammenfassung und Ergänzung der 13 Artikel im Ballenstedter Stadtboten, die das Albrecht-Jahr begleiteten.

Wir wollen Geschichte deutlich machen, Geschichte, die lebendig bis in unsere Gegenwart reicht.

Für die Gestaltung unserer Zukunft ist es notwendig, Lehren aus der Geschichte zu ziehen. Unser Buch soll dazu eine unterhaltende Erzählung sein, die nicht Anspruch einer wissenschaftlichen Arbeit hat.

Dabei kommt dem Askanische Hausorden, der den Namen Albrechts des Bären trägt, unter seinem Großmeister Eduard Prinz von Anhalt eine besondere Rolle zu.

Die Autoren, danken der Stadt Ballenstedt, vertreten durch Herrn Bürgermeister Dr. Knoppik und Kulturamtsleiter Herrn Mühldorfer-Vogt für die entgegenkommende Möglichkeit, dreizehn Monate lang Beiträge im Stadtboten zu Albrecht dem Bären zu veröffentlichen und damit vor Ort das Albrecht-Jahr von 2019 bis 2020 allen unseren Bürgern durch Text und Bild nahezubringen. Unser Dank gilt auch der eckpunkt-Medienagentur in Erfurt und ihrem Team, besonders aber Frau Sindy Rathaj, die unser Anliegen all die Monate im Ballenstedter Stadtboten freundlich, kompetent und entgegenkommend in bestes Layout umgesetzt hat. Wir danken Frau Regina Schade von der Ballenstedter Fürstin-Pauline-Bibliothek, Herrn Horst Lange, Herrn Eberhard Nier vom Ballenstedter Museum „Wilhelm von Kügelgen" und dem Kulturverein „Wilhelm von Kügelgen", besonders Frau Pels, für ihre immer hilfsbereite beratende und helfende Zuarbeiten und dem Askanischen Hausorden Albrecht der Bär, dessen Mitglieder es überhaupt erst ermöglichten, dieses Buch über Ballenstedt, Albrecht den Bären und das Land Sachsen-Anhalt hier vorzulegen.

Die Lektorin Frau Christiane Schwarzer, Wernigerode, übernahm die beratende Arbeit der Korrektur des Manuskriptes, wofür wir ihr auch an dieser Stelle herzlich danken.

Unser Dank gilt auch den Besitzern verschiedener Bildrechte, sofern sie zu ermitteln waren, für die Erlaubnis der Wiedergabe. Herrn Wolfgang Fischer (SIGNA Graphik Design Atelier Fischer, Quedlinburg) danken wir für die vorzügliche Bearbeitung der Bilder bis zur Druckreife und fürs Layout.

Für die gute und enge Zusammenarbeit mit dem traditionsreichen Verlag Anhalt Edition Dessau danken wir den beiden Herren Erfurth. Die Druckerei Quedlinburg-Druck GmbH gab dem Buch die Form, deren Geschäftsführer, Herrn Müller wir für die gute und entgegenkommende Beratung ebenfalls danken.

*Wolfram Babinecz und Karl-Heinz Meyer*

# Kapitel 1 Im Jahr 2019 wieder ein Albrecht-Denkmal

*1-1 Die Denkmal-Idee*

Ist es möglich, sich an einen Menschen zu erinnern, sich ihm nahe zu fühlen, einem, der vor mehr als 900 Jahren hier in Ballenstedt gelebt hat, hier geboren ist?

Der mit seinen Augen die gleichen Berge und Orte gesehen hat wie jeder von uns, das Selketal, die Steinberge, den Großen und den Kleinen Gegenstein, die Gersdorfer Burg, Badeborn dort hinter dem Langenberg? Der, wie wir, von einem günstigen Standort aus bis nach Frose und seine zweitürmige Stiftskirche blicken konnte und der auch hier beigesetzt wurde?

Ist es möglich, in ihm einen aus unserer Heimat zu sehen?

Der wie wir als Kind diese unsere Umgebung kennen und lieben lernte, in ihr spielte, ehe er hinauszog in die weite Welt. So ist es möglich, ihn gewissermaßen als unseren Mitmenschen zu erkennen, wenn auch zwischen damals und jetzt 900 Jahre liegen!

Im Jahr 2000 war es 900 Jahre her, dass er auf seiner Burg auf dem Schlossberg geboren wurde. Damals gab es seine Burg Anhalt auf dem Hausberg über dem Selketal noch nicht.

Wenn er uns seit jenem Jahr begleitete – immer in diesem zeitlichen Abstand – wäre er jetzt 19 Jahre alt.

Wir kennen einige seiner Verwandten: Vater und Mutter, den Großvater Adalbert, den ein Konradsburger erschlug (siehe Kapitel 7); den Urgroßvater Esico kennen wir und dessen Schwester Uta von Ballenstedt.
Manche kannte er persönlich, wusste vieles von ihnen, was uns verloren ist. Albrecht der Bär.

Im Widerbild eines fernen Fixsterns könnten wir den Neuzehnjährigen vielleicht gerade über die Steppen zwischen Ballenstedt und Quedlinburg reiten sehen, groß, stark und sportlich.

Und im Bild der 850 Jahre dauernden Hin- und Rückreise des Lichtes zu einem etwas näheren Spiegelstern sähen wir ihn müde geworden in seinen Kämpfen mit seinem Widersacher Heinrich dem Löwen, besonders aber in seinem zähen Ringen um die Schaffung der Mark Brandenburg, deren Markgraf er schließlich wurde. Seine von den Verbündeten Heinrichs des Löwen zerstörte Burg Anhalt über dem Selketal hatte er um 1150 wieder aufgebaut. Als Markgraf war er 1159 mit seiner Gemahlin Sophie heimgekehrt von seiner Pilgerfahrt ins Heilige Land, gründete er in Werben bei Stendal den deutschen Johanniterorden und machte große Schenkungen an das Johanniter-Hospital in Jerusalem. Hatte mit flämischen und anderen angeworbenen Bauern für die Trockenlegung der sumpfigen Elbe- und Havelgebiete und die Eindeichung der Flüsse gesorgt und dadurch neues fruchtbares Land geschaffen. Trauer um seine geliebte Frau, die die Reise nur um ein Jahr überlebte, beugte ihn. Nun ist er im 70. Lebensjahr.

Viele Familien in und um Ballenstedt und in seinem Wirkungskreis, der Altmark und Brandenburg, haben ihren Söhnen nach ihm den Namen gegeben: Albrecht! Noch lebt er – in diesem Abstand von 850 Jahren –. Menschen seiner Heimat wollen ihm ein erinnerndes Denkmal setzen. Zum dritten Mal und diesmal oben auf dem Schlosshof Ballenstedt.

Dort wird er stehen und durchs Schlosstor hinunterblicken auf unsere kleine Stadt und das Land Anhalt. Auf dem Denkstein neben ihm wird eine Urkundenrolle mit seinem Siegel liegen und unten in der Ebene das fruchtbare Ländchen, das er uns hinterlassen hat, seine und unsere Heimat – die Wiege Anhalts. – Auch vor einem Jahr war er – inkognito gewissermaßen – schon von hier aus unterwegs in seinem Land. Auf der Landesgartenschau in Burg, er mit seiner Urgroßtante Uta, als Vertriebene verkleidet, mit Hut und Kopftuch und schlichten, abgetragenen Kleidern ...

Die Bedeutung Albrechts des Bären für uns, für unsere Region und für die Entwicklung Deutschlands war das Thema eines Wissenschaftlichen Kolloquiums im September 2019 auf Schloss Ballenstedt, veranstaltet vom Zentrum für Mittelalter-Ausstellungen und der Otto-von-Gericke-Universität Magdeburg und der Stadt Ballenstedt, an dem neben zahleichen Gästen und den besten Albrecht-Kennern auch der letzte direkte männliche Nachfahre Albrechts, Eduard Prinz von Anhalt teilnahm.

*1-2 Briefkopf der Einladung zur wissenschaftlichen Tagung*

## Kapitel 2 Albrecht-Denkmäler 1899 bis 1997

Albrecht der Bär war zuletzt 2018 auf der Landesgartenschau in Burg gewissermaßen als Abgesandter Ballenstedts und zusammen mit seiner Urgroßtante Uta[1] dort erschienen, beide als Wanderer durch die Jahrhunderte vielleicht, und müde nach Ballenstedt heimgekehrt. Doch seit dem 16. November 2019 kann man sich hier angesichts einer lebensgroßen Bronzefigur seines vor 849 Jahren beschlossenen Wirkens erinnern. Manchmal, so scheint es, taucht er auf im Leben der Heutigen für ein paar Stunden, ein paar Jahre, wenn wir, seine Landeskinder und Nachgeborenen, ihn brauchen. Auch früher schon.

Das vorletzte Mal, 1997, in Sandstein gehauen, auf dem Kleinen Ziegenberg, der längst nicht mehr Stadtpark ist. Am falschen Platz konnte er Segen für uns nicht spenden. Der Blick zurück ins Schloss ging ins Leere, Bäume und Nutzung und Zeitbrüche hatten sich dazwischen geschoben.

Das war 1899 noch ganz anders gewesen.

Ein Dank- und Ruhmes-Mal wollten ihm Heimatfreunde und die kaiserlich und herzoglich gesinnten Stadt- und Kreisväter mit ihrem Oberbürgermeister Bruno Wendt setzen.

---

[1] Uta von Ballenstedt, Schwester Esikos, bekannt als Stifterfigur „Uta von Naumburg“ im dortigen Dom.

Ballenstedts Stadtväter hatten damals große Pläne, die nur durch den Ersten Weltkrieg zunichte wurden: – ein Kurpark sollte sich vom Kleinen Ziegenberg über das Sanatorium Dr. Rosell hin zu den Lohden und über die Bienenwiese bis zum Schlossbezirk erstrecken. Ein Entwurf lag schon um 1910 vom Dessauer Landschafts-Gartenbaudirektor Schmidt vor.

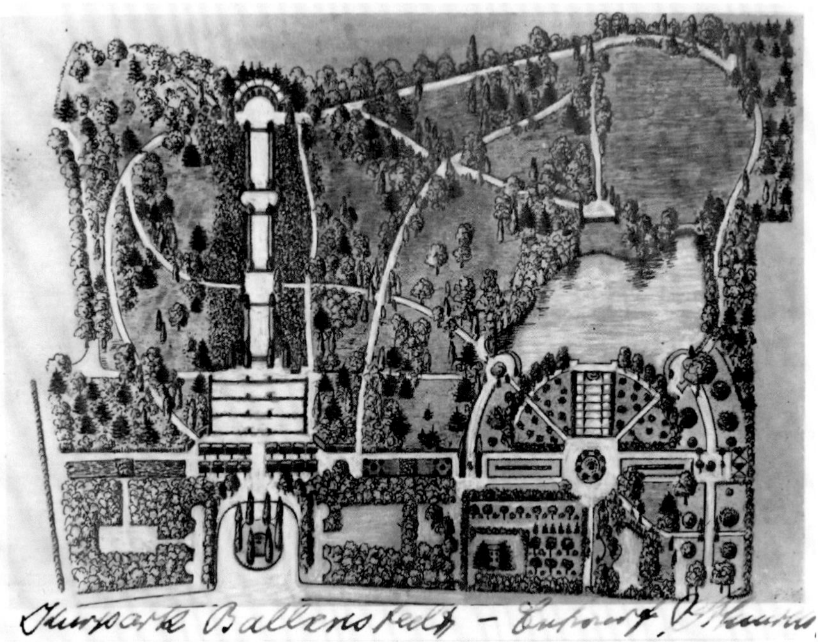


*2-1 Entwurf zum Kurpark im Ballenstedter Lohdenwäldchen um 1910 von der Gartenbaufirma Schmidt in Dessau Quelle: Karl-Heinz Meyer*

Anregung für die Ballenstedter war die 1897 an der Berliner Siegesallee aufgestellte Statue des Berliner Bildhauers Prof. Schott gewesen (heute in der Zitadelle von Spandau). Denn als Erbauer der Burg Spandau gelten die Askanier auch als „Gründer Berlins"; und daher hat die Stadt Berlin den (Berliner) Bären, der eigentlich der askanische ist, in ihrem Wappen und sah allen Grund, auch Albrecht zu ehren.

In den letzen Jahrzehnten des 19. Jhs. hatte Ballenstedt einen ungeahnten Aufschwung heimatlichen, touristischen und wirtschaftlichen Wohlstands erlebt, und der im kaiserlichen Berlin hochgeehrte Askanier sollte seinen Glanz auch über seinen Geburtsort und die Stadt ausbreiten und konnte seiner dankbaren Rühmung sicher sein.

*2-2 Albrecht-Statue im Berliner Tiergarten 1897 flankiert v. Bischof Wigger v. Brandenburg.(li) u. Bischof Otto von Bamberg. Quelle: wikipedia - gemeinfrei, Berliner Architektenwelt 1. Jg. (Mai 1898) H.2, S.56*

*2-3 Einweihung des ersten Denkmals 1899 im Ballenstedter Stadtpark auf dem Kleinen Ziegenberg
Quelle: Karl-Heinz Meyer*

Als Bronzeguss blickte er von seinem hohen Sockel auf dem Kleinen Ziegenberg vom Stadtpark her über die gepflegten Lohden hinweg zum Schloss seiner Nachfahren, der Herzöge von Anhalt.

Dieses erste Denkmal überdauerte den Ersten Weltkrieg und sein trauriges Ende, begleitete und spendete neue Hoffnung auf neuen Aufstieg. Es überdauerte auch den Missbrauch, den die Nazis damit trieben, und sogar den Zweiten Weltkrieg. Aber gerade dieser ins Absurde getriebene und in den Abgrund führende Chauvinismus hatte allen Sinn für patriotische Gefühle (und gar ritterliche) und für alles Geschichtliche verschüttet. Still verschwand das Denkmal, das keine Kraft mehr spenden konnte, 1951.

Zu Unrecht ächtete man damals den Großen des deutschen Mittelalters und zu Unrecht den Gestalter unserer nächsten Heimat und unserer anhaltisch-brandenburgischen Region.

*2-4 Zerstörte Hirsche an der westlichen Schlossparkmauer 1945. Quelle: Stadtmuseum Ballenstedt*

In einem zwar verständlichen, aber verhängnisvollen Anfall von Traditions-, Kultur- und Geschichtslosigkeit wurden damals sogar die schönen Figuren der Wasserachse des Schlossparks zerstört.

Nach der deutschen Wiedervereinigung 1990 begann man in Ballenstedt, sich der eigenen Geschichte und Tradition wieder anzunähern. Der damalige *Bürger-*

*2-5 Albrecht-Denkmal von 1997 auf dem Kleinen Ziegenberg in Ballenstedt - Zerstört, entwaffnet, verwildert und vergessen. Quelle: Karl-Heinz Meyer*

*meister Wolfgang Gurke erkannte die Bedeutung der Askanier für Ballenstedt*[2] und sah ein sichtbares Zeichen dieser Besinnung in der Schaffung eines neuen Denkmals für Albrecht den Bären.

Am Ende der Kontroverse um das sensible Thema konnte sich der Bürgermeister gegen die Bedenken des Fremdenverkehrsvereins, und ein Zerwürfnis mit dem Hause Anhalt-Askanien in Kauf nehmend, mit seiner Idee zwar durchsetzen – am früheren Standort auf dem Kleinen Ziegenberg wurde 1997 im ehemaligen Stadtpark eine hohe Sandstein-Plastik des Bildhauers Fritjof Meussling aufgestellt, wieder, wie die frühere Statue, mit Blick aufs Schloss.

Aber *„der Park und das Denkmal wurden von der Bevölkerung nicht angenommen. Zerstört, entwaffnet, verwildert und vergessen steht es nun auf dem Gelände der Lungenklinik."*[3]
In der Zwischenzeit hat sich der Blick auf Albrecht den Bären auch aus wissenschaftlicher Sicht geändert und wird seine Bedeutung für unsere Region neu bewertet.

[Während der Arbeit an diesem Buch wurde dieses beschädigte Denkmal von der Stadt Ballenstedt und dem Harzklub instand gesetzt. Dort endet der 2020 im Rahmen des Albrecht-Jahres eingeweihte Albrecht-Weg von Ballenstedt zur Ruine der Burg Anhalt und zurück.]

---

[2] Karl-Heinz Meyer: „Zur Geschichte des Albrecht-Denkmals in Ballenstedt" in: Altmärkischer Heimatbund e.V.: „Markgraf Albrecht der Bär – ein Herrschaftsbild im Wandel der Zeit" – Protokollband der wissenschaftlichen Tagung in Zusammenarbeit mit dem Landesheimatbund Sachsen-Anhalt e.V. Osterburg 2014, S. 41.

[3] Meyer , siehe Fußn. 2, S. 41.

# Kapitel 3 Planungen für ein neues zeitgemäßes Denkmal

Das gegen Ende September 2019 auf Schloss Ballenstedt abgehaltene wissenschaftliche Kolloquium hat die Ergebnisse der intensiven Quellenforschung der letzten Jahrzehnte zusammengefasst[4]. Die Zerrbilder Albrechts des Bären seit der Kaiserzeit bis zum Ende der DDR wurden dabei aufgelöst. Im Ergebnis wurde die große kulturelle Bedeutung des Markgrafen für Anhalt und Brandenburg und besonders für Ballenstedt, unsere Heimatregion also, hervorgehoben[5].

Orte, die Persönlichkeiten in der Vergangenheit oder Gegenwart in ihren Mauern beherbergten und zu ihnen in engerer Beziehung standen oder stehen, können sich glücklich schätzen. Sie ziehen Besucher an, werden eher als irgendwelche anderen Orte zu Begegnungen, Verhandlungen, Treffen, gewählt, erwecken das Interesse der Besucher und gewinnen so auch wirtschaftliche Bedeutung. Und je rühriger solche bevorzugten Orte und die darin Lebenden sich dieses Umstandes bewußt sind und ihn zu nutzen wissen, desto stärker rücken sie in den Blickpunkt des öffentlichen Interesses.

**So, wie sich Ballenstedt durch Albrecht den Bären dem Land, dessen Mittelpunkt es einst war, verbunden fühlt, ist es nur folgerichtig, dass auch umgekehrt das Land Sachsen-Anhalt unsere kleine Stadt in der Tradition des Geburtsortes Anhalts, der „Wiege Anhalts", unterstützt. Denn das von hier aus wirkende Geschlecht der Grafen von Ballenstedt und Fürsten von Anhalt war über Jahrhunderte hin der große Kulturschöpfer unserer Region.**

*3-1 Fahne des Landes Sachsen-Anhalt*
*Quelle: wikipedia gemeinfrei*

[4] Lutz Partenheimer: "Albrecht der Bär, Gründer der Mark Brandenburg und des Fürstentums Anhalt". Böhlau-Verlag Köln / Weimar / Wien 2001, www.boehlau.de ISBN 3-4112-06-0, dort viele Einzelnachweise, u.a. dort im Anhang „Zur Quellenlage" S. 199-201 zahlreiche Hinweise, u.a. auch kritische, auf fehlerhafte Beiträge anderer Autoren, sowie bei www.lutz-partenheimer.de.

[5] siehe Lutz Partenheimer: „Albrecht der Bär, ‚Vater' der Mark Brandenburg, ‚Großvater' Anhalts" im Protokollband, s. Fußn. 2.

Im Jahr 2012, während des Jubiläums „Anhalt 800“ fasste der Kultur-Verein „Wilhelm von Kügelgen“ den Plan, diese *„Verbundenheit der Stadt Ballenstedt mit dem Land Sachsen-Anhalt und dem Hause Anhalt-Askanien besonders herauszustellen“* (zitiert aus[2]) und durch ein zeitgemäßes, dem heutigen Lebensgefühl entsprechendes Denkmal Albrechts des Bären auszudrücken; denn gerade *Albrecht der Bär (um 1100–1170), Graf von Ballenstedt, Markgraf von Brandenburg und Herzog von Sachsen etc. „verkörpert besonders anschaulich“* diese Verbundenheit[6].

Das alte ruinierte Monument auf dem Kleinen Ziegenberg kam, selbst wiederhergestellt, daher nicht in Betracht.

*3-2 Modell des neuen Denkmals für Albrecht den Bären von Jochen Müller. Quelle: Karl-Heinz Meyer*

Karl-Heinz Meyer schildert[7] den beschwerlichen Weg, den die Stadt Ballenstedt dank des Kulturvereins Wilhelm von Kügelgen, dank unermüdlich wirkender geschichts-, heimat- und stadtbewusster Bürger und Politiker sowie dank potenter Förderer und dank der Begleitung durch den askanischen Hausorden „Albrecht der Bär“ gegen viele Hürden – Geldnöte, bürokratische Hindernisse und geschichtlich motivierte gedankliche und mentale Widerstände – nun erfolgreich zurückgelegt hat.

Der Mensch, der auf das Wohl seiner Mitmenschen und Bürger bedachte *Mensch* Albrecht steht nicht auf hohem steinernen Sockel. Nicht in starrem Stein, sondern in lebendige Bronze gegossen, soll er seinen Mitmenschen auf gleicher Ebene begegnen, bodenständig, lebensvoll, in zugewandter mitmenschlicher Gestalt und Würde.

[6] Meyer, s. Fußn. 2, S. 41.

[7] Meyer, s. Fußn. 2, S. 41.

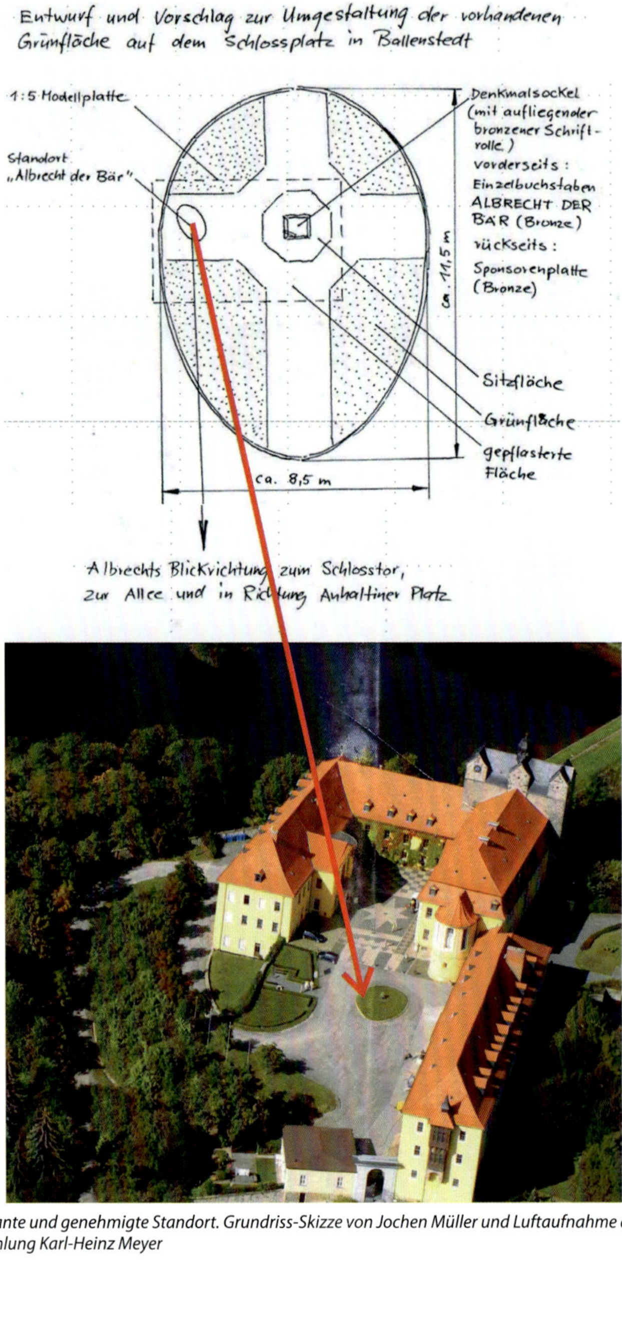


*3-3 Der geplante und genehmigte Standort. Grundriss-Skizze von Jochen Müller und Luftaufnahme des Schlosses.*
*Quelle: Sammlung Karl-Heinz Meyer*

Aber zunächst war – selbst wenn das Geld würde aufgebracht werden können – fraglich, ob es überhaupt sein könnte! Und wo sollte er denn stehen inmitten des ganzen von den Denkmal-Schützern festgelegten und in genaue Bezüge gesetzten „Schlossensembles"? Mitten auf dem Schlossplatz? Vor dem Großen Gasthof? – Oder vor dem Theater? – In Schlossnähe sollte es schon sein – dem Ort seiner Geburt, nicht irgendwo in der Stadt (damals noch ein kleines, 1 km abwärts gelegenes Dorf)! –

Vielleicht auf der Wiese am Parkplatz zwischen Gasthof und Schloss? – Alles ungeeignte oder verbotene Plätze! – Also im Schlosshof!

In dem mittelalterlichen Wohnbereich der alten Burg- und Klosterflügel? Das ging gar nicht! Wäre auch zu versteckt und zu wenig seiner Persönlichkeit angemessen und auch nicht dem Anliegen, das Ballenstedt mit ihm verbindet. – Auch auf dem freien Aussichtsplatz vor dem Südflügel durfte es nicht sein – nach dem Willen der Oberen Denkmalbehörde eigentlich nirgendwo.

Schließlich erlaubte die Untere Denkmalbehörde, die hier zu entscheiden hatte, den freien Platz in der Grünanlage zwischen Kirche und Nordflügel – den besten, den man sich wünschen konnte! Zugänglich, frei, mit Blick auf Stadt und weites Land!

Doch wer sollte das Denkmal gestalten? Wer würde der gewünschten Plastik Form und Ausdruck geben? – Die Wahl fiel schließlich auf den bereits mit mehreren Arbeiten in der weiteren Umgebung bekannt gewordenen Bildhauer und Bronzegießer Jochen Müller in Quedlinburg. Von ihm stammen auch schon die Bären am Anhaltiner Platz. Er konnte die zugrunde liegende Idee am überzeugendsten in Form bringen. *„Albrecht der Bär wird nicht mehr nur als Heldenfigur und Graf von Ballenstedt verstanden, sondern als ein Sohn der Region."*[8]

Mehr als sechs Jahre dauerte es, bis das nötige Geld für das Denkmal zusammen war. Vom kleinen Modell wuchs das Vorhaben zum lebensgroßen, dann zur Gussform und schließlich zum Guss. Und am 16. November 2019, zwei Tage und ein Jahr vor seinem 850. Todestag, konnte die Statue feierlich im Schlosshof eingeweiht werden! ....

---

[8] Meyer, s. Fußn. 2, S. 48.

*3-4 Blick vom Denkmalstandort auf die Stadt und die Heimatregion – Skizze der geplanten Denkmalsanlage von Jochen Müller. Quelle: Karl-Heinz Meyer*

Die Photomontage von J. Müller (Abb. 3-4) vermittelte uns schon vorab immerhin einen realistischen Eindruck vom Platz, wo Albrecht stehen sollte.

Auf dem Sockel liegt eine bronzene Urkundenrolle mit seinem Siegel. Darum herum eine Sitzbank, wo man ruhen kann, um das Standbild, das Schloss, den Schlosshof zu betrachten und auf sich wirken zu lassen. Daneben stehend, blickt der Markgraf auf sein Land, auf Ballenstedt, das Rathaus und Anhalt. Folgt man dem Blick, kann man bei günstigem Wetter die 40 km entfernten Fabrikanlagen Bernburgs am Horizont erkennen. Und in etwa100 Kilometer weiter Ferne beginnt Brandenburg, Albrechts einstige Mark.

# Kapitel 4 Albrecht der Bär als ein Sohn der Region

Das Denkmal ist enthüllt, steht gewissermaßen auf der Schwelle zwischen den Grundmauern der Burg, aus der Albrecht als Knabe hinauslief, und dem weiten Land, das sich unten vor unseren Augen ausbreitet und in der Ferne Anhalts und Brandenburgs verschwimmt.

Es war trüb und feucht-kalt am Einweihungstag, dem 16.11.2019; typisch November, aber die Sonne brach sich doch um die Mittagszeit kurz ein wenig Bahn. Sie beleuchtete auch, im frohen eifrigen Treiben um die enthüllte Figur vermutlich von den wenigsten wahrgenommen, in einem sonnigen Streifen den anhaltischen Horizont.

Nun war er da, der große Tag für Ballenstedt, für die zahlreichen engagierten Bürger, die innerhalb und außerhalb des Askanischen Hausordens und des Kulturvereins jahrelang auf diesen Tag hingearbeitet hatten.

*4-1 Albrecht der Bär, die Familie von Anhalt-Askanien und der Ordensvorstand – v. l. n. r.: Karl-Heinz Meyer - der Schöpfer des Denkmals, Alexander von Bismarck, Katharina Erbprinzessin von Anhalt mit Sohn Prinz Maxime, Eduard Prinz von Anhalt, Dr. Theophana Prinzessin von Sachsen, Eilika Prinzessin von Anhalt mit Sohn Prinz Leopold, Felicitas Prinzessin von Anhalt, Stefan Graf Finck von Finckenstein Quelle: K.-H. Meyer, Foto: Jürgen Meusel*

Ein großer Tag auch für die zahlreiche fürstliche Familie, denen Albrecht der Bär nicht nur „ein Sohn der Region", sondern auch ein direkter familiärer Vorfahre ist

Die Predigt von Kreisoberpfarrer Dr. Theodor Hering im Festgottesdienst ging auf einen besonderen Charakterzug Albrechts des Bären ein: nämlich auf dessen diplomatische Politik im Grenzraum kaiserlicher und kirchlicher deutscher und slawischer Machtbereiche in dem Mittelalter-Abschnitt 1100–1200.

Etwas Modernes kann man an ihm erkennen, wenn man will: Nicht um Eroberung des Heveller-Landes um Brandenburg, Potsdam, Fläming und Havel ging es ihm, sondern um ein Arrangement des Miteinanders, der Kultivierung, Sicherheit und Entwicklung.

Albrechts Rolle innerhalb der höchst verwickelten Rivalitäts-, Gunst- und Machtverhältnisse in der Stauferzeit, in die der Fürst eingebunden und verwickelt war, war in der Erforschung der Mittelaltergeschichte schon Gegenstand vieler wissenschaftlicher Veröffentlichungen und Tagungen. Sehr ausführlich hat sich Lutz Partenheimer in seinem Werk über Albrecht den Bären diesem Thema angenommen.[9] Albrechts und der Markgrafen von Brandenburg sowie der anhaltischen Fürsten historische Bedeutung vermöchten wir Heutigen allerdings nur ganz zu erfassen, wenn wir das, was wir mit eigenen Augen sehen, vergleichen könnten mit dem, was vor 900 Jahren war und wie es in den folgenden Jahrhunderten Gestalt gewonnen hat; auch, welchen Kräften und Gegenkräften diese Landschaft ausgesetzt war und seine Entwicklung verdankte.

Uns heute ganz selbstverständliche Orte wie Brandenburg, Havelberg, Potsdam, Köpenick, Cottbus usw. waren damals Punkte in einer vielfach unentwickelten Landschaft, teilweise Urformen ähnlich.

Den Wirkungsraum des Markgrafen zeigt die folgende nachgezeichnete Übersichtskarte Partenheimers (Abb. 4-3).

Die Erweiterung des Herrschaftsraumes der Ballenstedter Grafen und askanischen Fürsten nach Brandenburg hin ergab sich aus der Freundschaft Albrechts mit dem Brandenburger Heveller-Fürsten Pribislaw-Heinrich. Zwei Große, die Frieden miteinander wollten, bemüht um die kulturelle Entwicklung des Landes.

---

[9] Partenheimer, Albrecht der Bär, s. Fußn. 4.

Albrechts Sohn Otto I. erhielt von Pribislaw die Zauche, eine Landschaft zwischen Fläming und Nuthe, als Patengeschenk.

Die 200 Jahre vor ihm unter Markgraf Gero stattgefundenen blutigen Grenzstreitigkeiten und Kämpfe mit den damals verstreut in den sumpfigen Flusslandschaften von Saale, Elbe, Havel, Spree und Mulde lebenden und noch nicht christianisierten Slawen – uns heute meist als „Wenden" und „Sorben" bekannt – hat Albrecht der Bär durch eine kluge diplomatische Politik weitgehend vermieden. Vielmehr hat er durch seine Freundschaft mit Pribislaw, der ihm sein Heveller-Fürstentum Brandenburg als Erbschaft vermachte, dieses Land dem „Heiligen Römischen Reich Deutscher Nation", wie das damalige deutsche Kaiserreich in offiziellen Urkunden hieß, hinzugewonnen. Das war 1150 nach dem Tode Pribislaws.

Der neuen Mark Brandenburg drückte Albrecht sinngemäß sein Siegel auf, indem er gemeinsam mit den dortigen Bewohnern und den aus anderen Teilen des Reichs, besonders vom Niederrhein und aus Flandern, angeworbenen Bauern, die Sümpfe trockenlegen, Flüsse eindeichen ließ, den Fläming (Name!) kultivierte und auf diese Weise neues Siedlungsland schuf und sicherte.

Siegreich konnte er 1157 eine Besetzung Brandenburgs durch Jaxa von Köpenick, vermutlich eines Verwandten Pribislaws, der ihm sein Erbe mit Unterstützung der von ihm herbeigerufenen polnischen Verbündeten streitig machen wollte, niederwerfen und Brandenburg endgültig der kaiserlichen Oberherrschaft sichern.[10]

*4-2 Siegel Albrechts des Bären*
*Quelle: Sammlung Helmut Erfurth*

[10] Die genauen Zusammenhänge der Vorgänge vor und nach 1150 und 1157 werden ausführlich von dem Albrecht-Kenner Lutz Partenheimer dargestellt – siehe Fußn. 4 , besonders S. 111 ff. bis S.142.

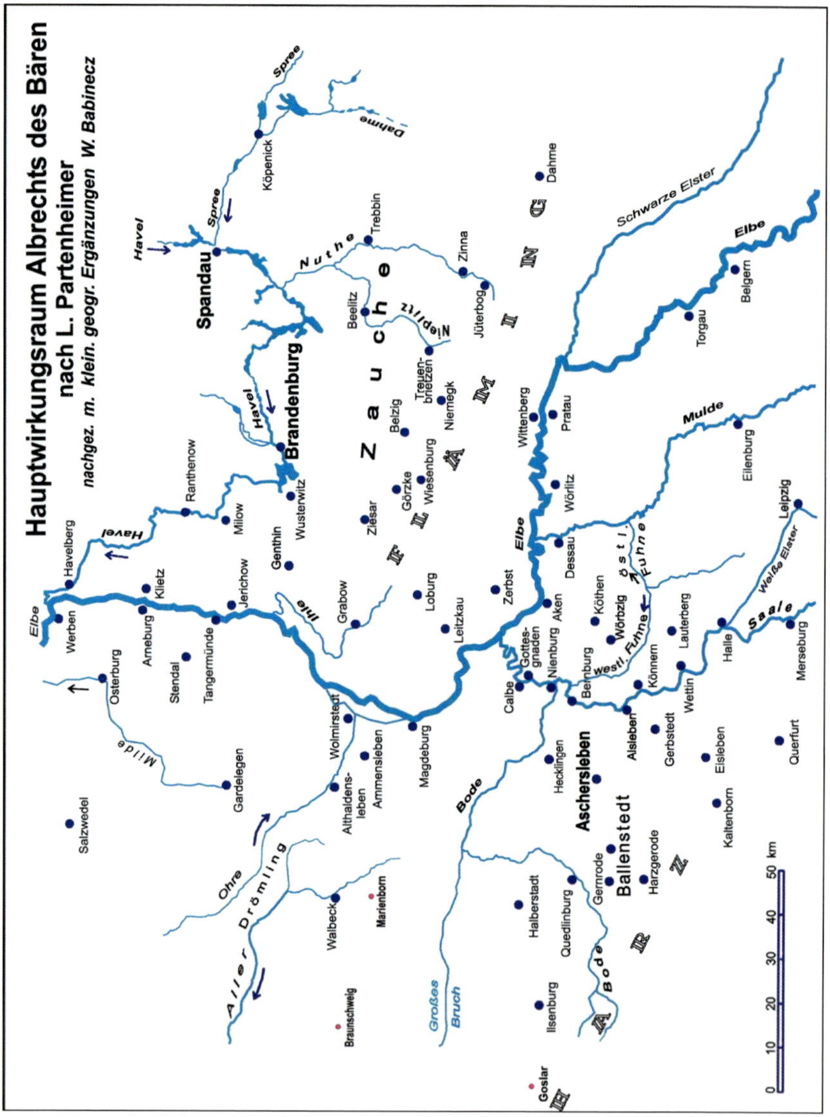


*4-3 Der Hauptwirkungsraum Albrechts des Bären*

# Kapitel 5 Albrecht der Bär, das Leben in seiner Zeit und die Zeiten nach ihm

## *Albrechts Abstammung*

Wer war nun dieser Albrecht, der nicht nur für unsere Heimatregion, sondern anscheinend auch für das Werden des ganzen mittelalterlichen deutschen Reiches so bedeutend war, dass seiner 850 Jahre nach seinem Tod mit Tagungen, Feiern und einer Denkmalsetzung gedacht wird?

Wie eine Sammellinse das Licht bündelt, so flossen aus einem weiten Vorfahren-Geflecht bei Albrecht dem Bären fast alle hochadligen Häuser der Stämme, die seit Ende der Völkerwanderungszeit an der Entstehung des Abendlandes beteiligt waren, zusammen; besonders des Frankenreiches[11], das schließlich Goten, Langobarden, Bayern, Schwaben und Sachsen und, im „Heiligen Römischen Reich Deutscher Nation", zuletzt auch die Sorben- und Wendenvölker zwischen Saale, Elbe, Oder und Ostsee in sich aufnahm.[12]

Das Adelsgeschlecht der Askanier selbst, der Ballenstedter Grafen, ist nur bis zu Albrechts Urgroßvater, dem **Grafen Esiko**, dem Bruder der Uta von Ballenstedt (Naumburg), der um 1000 n. Chr. gelebt hat, urkundlich belegt.

Von Esikos Vater, vermutlich Adalbert, wird angenommen, dass seine Sippe zu den Herrschern der zwischen 568 und 577 in unsere Region eingewanderten Nordschwaben gehörte.[13]

Die Ahnenreihe der ***bekannten*** Askanier, Grafen von Ballenstedt, beginnt also mit Adalbert? (um 950?) und setzt sich fort von Sohn zu Sohn mit Esiko – Adalbert (2) – Otto dem Reichen – **Albrecht dem Bären** (~1100 – 1170) und weiter mit dessen Kindern und Nachfahren in den ***Markgrafen von Brandenburg*** (bis 1320), den **Kurfürsten und Herzögen von Sachsen** (S.-Wittenberg bis 1422, S.-Lau-

[11] Lutz Partenheimer: „Die Rolle der Frauen beim Aufstieg der frühen Askanier" in: Beiträge zur Regional- und Landeskultur Sachsen-Anhalts 28, Halle (2003), S. 254–274.

[12] Die hier und im Folgenden mitgeteilten Abstammungs-Beziehungen und -Daten wurden, soweit nicht bei Partenheimer (s. Fußn. 4) und → Otto v. Heinemann: "Albrecht der Bär" im Verlag Lange Darmstadt (1864) als Reprint, Kulturstiftung Bernburg und Landesheimatbund Sachsen-Anhalt (2001) gefunden, aus vielen Einzelartikeln zu den in wikipedia behandelten Personen zusammengetragen.

[13] v. Heinemann: Albrecht der Bär, s. Fußn.12, S. 4.

enburg bis 1689) einerseits und den ***Fürsten von Anhalt*** andererseits – in letzteren bis in die Gegenwart.

Die Ehefrauen der genannten frühen Askanier entstammen alle bedeutenden hochadligen Geschlechtern, die seit früh-mittelalterlicher Zeit maßgeblich am Werden des deutschen Staates vom ostfränkischen zum „Heiligen Römischen Reich Deutscher Nation“ mit all den inneren und äußeren Kämpfen, Irrungen und Wirrungen beteiligt waren (siehe Fußn.[11]).

**Von Esikos Mutter** (Hidda?) weiß man nur, dass sie die Tochter des mächtigen, in unserer Region ansässigen sächsischen Markgrafen Hodo[14] war (+993). Hodos Schwiegervater oder Halbbruder war nach Partenheimer[15] ein Markgraf Thietmar der Ältere (+979), dessen Vater **der sächsische Markgraf Christian** (*880) war und dessen Mutter **Hidda** (*905), **die Schwester des Markgrafen Gero**[16] (*897). Albrecht war also über Mutter-Linien mit den Eltern Geros: **Markgraf Thietmar**[17], dem Erzieher und Berater König Heinrichs I., und, nach Forschungen Donald C. Jackman's[18], mit **Hildegard**, einer Schwester des fränkischen Königs Konrad I. (881–918), verwandt. In diesem Fall führt die mütterliche Stammreihe über Esikos Ur-Ur-Urgroßmutter Hildegard und die Herrscherhäuser der Konradiner und Gebhardiner weiter zu den bayrischen und langobardischen Herzögen bzw. Königen des frühen Mittelalters um 550 n. Chr., aber auch zu karolingischen und merowingischen Adligen.

In der Übersicht S. 30 wird unterstellt, dass der 979 gestorbene Thietmar der ***Schwiegervater*** Hodos war.

Esiko würde dann über seine Mutter sowohl von der Christian-Sippe als auch von den Eltern und Vorfahren des Markgrafen Gero abstammen.

---

[14] Sogenannte Christian-Sippe.

[15] Partenheimer, Albrecht der Bär Fußn. 4, S. 15.

[16] Väterliche Stammburg Gersdorfer Burg, Stiftskirchen Gernrode und Frose.

[17] Thietmar von Merseburg, + 932.

[18] Donald C. Jackmans: „König Konrad, die letzten Karolinger und ihre sächsischen Verwandten“ in Hans-Werner Goetz, Simon Elling (Hrsg.): „Konrad I. auf dem Weg zum deutschen Reich?“ Verl. Winkler Bochum (2006) ISBN 3-89911-065-X.

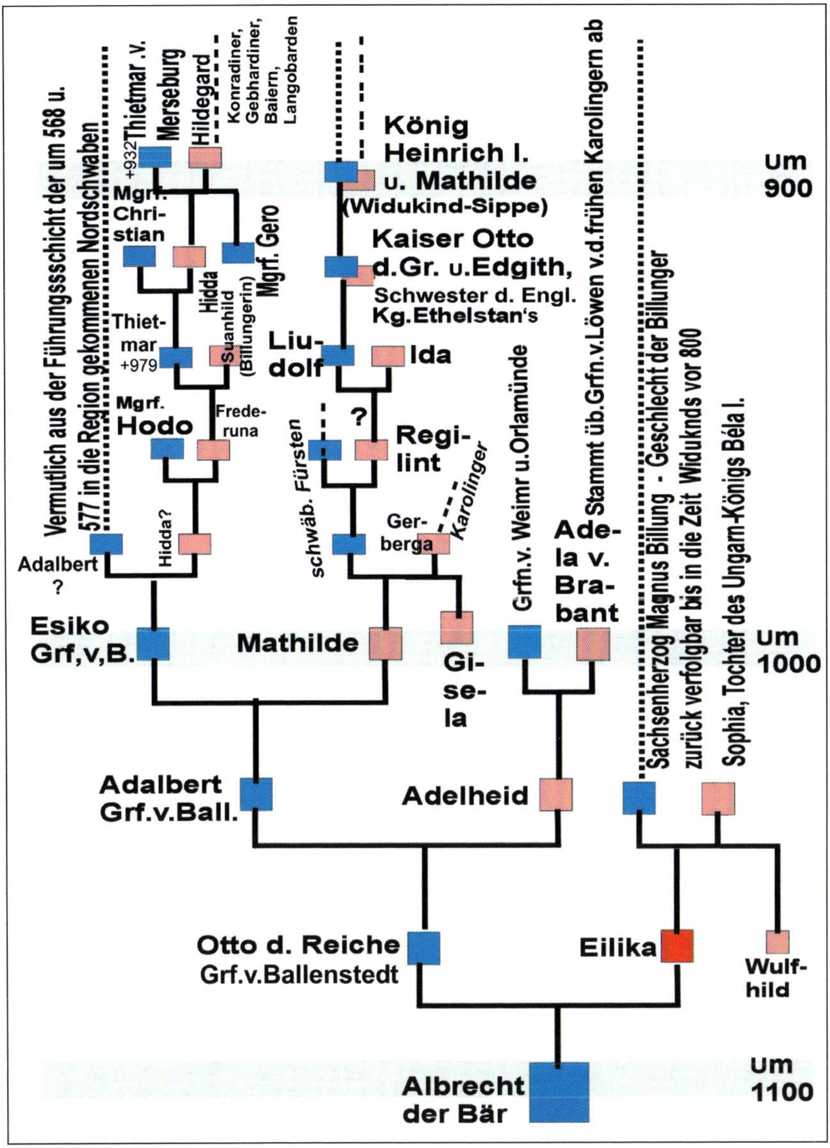


*5-1 Überblick über die Abstammungslinien Albrechts des Bären, Entwurf: W. Babinecz*

Wenn aber dieser Thietmar ein ***Halbbruder*** Hodos gewesen ist, dann war Thietmar nicht der Vater von Hodos Gemahlin Frederuna.

Hodo und Thietmar hätten dann entweder einen gemeinsamen Vater oder eine gemeinsame Mutter gehabt.

Im ersten Fall würde Esiko dann über seine Mutter von Thietmars und Hodos als gemeinsam angenommenem Vater Markgraf Christian abstammen, im zweiten Fall von Thietmars und Hodos als gemeinsam angenommener Mutter Hidda und mit dieser von der Gero-Sippe und nicht von Markgraf Christian.
Esiko stammt also mütterlicherseits, je nach den bisher ungeklärten Verhältnissen, entweder von der Christian-Sippe oder von der Gero-Sippe oder von beiden ab.

Graf Esikos Gemahlin, **Albrechts Urgroßmutter Mathilde**, hatte eine Schwester Gisela, die Ehefrau Kaiser Konrads II.[19] Die beiden Schwestern stammten *über ihre vaterseitige Großmutter* **Regilint** und deren Vater **Liudolf**, den ersten **Sohn Kaiser Ottos** des Großen und **Enkel König Heinrichs I.**, von den sächsischen Liudolfingern ab; *über ihren Vater* von schwäbischen Fürsten und *über ihre Mutter* Gerberga, Tochter König Konrads II. von Burgund und dessen Vorfahren über Ludwig den Frommen und damit von **Karl dem Großen** und allen früheren karolingischen Herrschern[20].

**Adalbert**[21], **Esikos Sohn**, Albrechts vaterseitiger Großvater, war mit Adelheid verheiratet, die als Tochter des Grafen von Weimar und Orlamünde und **Adela von Brabant** väterlicherseits von thüringischen Adelsgeschlechtern und mütterlicherseits von den **Grafen von Löwen** abstammte und über eine lange Vorfahrenreihe über **Kaiser Lothar I.**, den Enkel Karls des Großen ***und alle seine karolingischen Vorfahren*** bis zu einem fränkischen Edlen Karlmann um 550 zurückverfolgt werden kann – eine weitere Linie bis zu den frühen Karolingern.[22]

**Otto der Reiche**, Esikos Enkel, Albrechts Vater, verflocht mit seiner **Gemahlin Eilika**, Tochter des Sachsenherzogs Magnus Billung **in ihrem Sohn Albrecht dem**

[19] Kaiser u. König Konrad II. (~990 – 1039).

[20] Partenheimer, Die Rolle der Frauen, s. Fußn. 11.

[21] ermordet von Egino von der Konradsburg. Darauf führen Historiker die Sühne-Umwandlung der Konradsburg in ein Kloster zurück und – unbewiesen – die Umwandlung der Ballenstedter Burg bzw. des Kollegiatstiftes ebenfalls in ein Kloster. Ein Sühnekreuz zu dieser Tat befindet sich noch heute in der Nähe von Endorf.

[22] Partenheimer, Die Rolle der Frauen, s. Fußn. 11.

**Bären** die ganze Stammreihe der Billunger bis zu den frühen Billunger Grafen im Umfeld des Sachsenherzogs Widukind mit dem askanisch-fränkisch-schwäbisch-bayrisch-langobardisch-karolingischen Vorfahren-Geflecht, darunter viele Königshäuser.

## *Das Leben zur Zeit Albrechts*

Wie müssen wir uns das Leben in unserer Heimat zur Zeit Albrechts vorstellen? Können wir das überhaupt? Ein Leben, das in vielem so anders war als unseres. Am ehesten lässt sich wohl der Alltag auf den Bauernhöfen der Dörfer, (die alle damals schon existierten), denken, weil er so sehr verschieden vom Dorfleben der landärmeren Bauern bis in die Mitte der 1950er Jahre hinein gar nicht war, im Gegensatz zu aller modernen Technik auf den Gütern und großen Höfen. Der vielen Ballenstedtern noch bekannte Dr. Fritz Klocke hat in den Unterharzdörfern noch vielerlei Gerät uralter Zeit benutzt gefunden und für das Ballenstedter Museum gesichert.

Die bedeutendste Richtschnur im Handeln der Freien und Hörigen vor tausend Jahren, der Menschen, Bauern und Handwerker, war die christliche Religion, die streng den einfachen Tagesablauf regelte, ihr Glaube; Lichtblicke und Hoffnung im strahlenden Raum der Kirchen inmitten der Finsternis, Gespensterfurcht und Kälte der langen Winterabende. **Weihnachten**. Bischöfe in den Bistümern, hier besonders Halberstadt und Magdeburg, die Äbte und Äbtissinnen in den Klöstern, Geistliche in den Kirchen der Dörfer und Städte bestimmten neben der mündlichen familiären Überlieferung die Kultur und das Leben der Menschen. Die Markgrafen und ihre Beamten regelten das rechtliche Leben, überwachten die kaiserlich-königliche Ordnung und erhoben den Zehnt auf Ernten, Vieh, Jagd, Wald, Wasser (Mühlen), Fisch und Märkte, Reichsstraßen und Brücken. Sowohl ihnen als auch den Klöstern gehörten große Ländereien und ganze Dörfer samt ihren Bewohnern. Eigenbesitz und Lehen des Königs. Kirche und Staat handelten Hand in Hand, mit- und gegeneinander. Besitzurkunden, Schenkungen und Protokolle der regelmäßigen Gerichtstage sowie die kirchlichen Geburts-, Heirats- und Sterbedaten sind die hauptsächlichen geschichtlichen Quellen, Berichte über das beschwerliche tägliche Leben der Menschen fehlen, ihr Lebensgefühl, ihre Nöte erschließen sich daher aus den Quellen nur sehr unvollkommen. Nur die

Namen der Herrscher und ihre Beziehungen zueinander sind zwar oft genug lückenhaft, aber zum Teil bis in die Anfangszeit des Frankenreiches nach der Völkerwanderung überliefert.

## *Biographien über Albrecht*

Eine erste zusammenfassende Darstellung des Wirkens Albrechts des Bären veröffentlichte Jacob Paul von Grundling im Jahre 1731: *„Leben und Thaten Alberti Ursi, Fürsten von Anhalt“*, wie Otto von Heinemann 133 Jahre später in seiner sehr viel fundierteren ausführlichen Biographie von 1864 mitteilt.[23]

Und wieder 137 Jahre später erschien im Jahre 2001 die umfassende und aktuellste Darstellung und Zusammenfassung der Forschung: ***„Albrecht der Bär – Gründer der Mark Brandenburg und des Fürstentums Anhalt“*** von Lutz Partenheimer.[24]

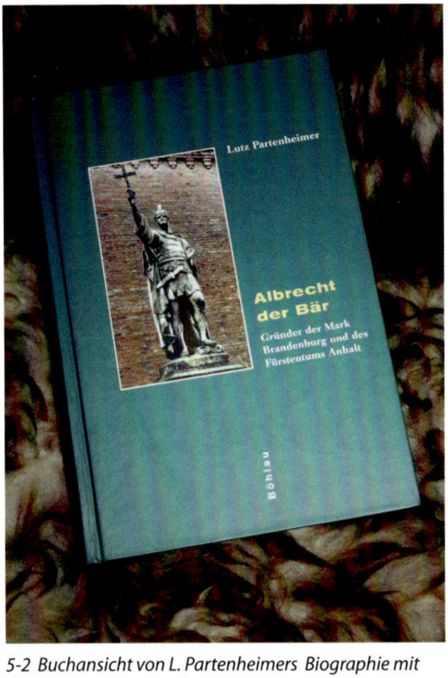

*5-2 Buchansicht von L. Partenheimers Biographie mit dem Berliner Albrecht-Standbild. Foto: W. Babinecz*

Hatte von Heinemann die Bedeutung Albrechts für das Werden des mittelalterlichen deutschen Reiches und des modernen preußischen Staates und des darauf folgenden wilhelminischen deutschen Kaiserreichs gewürdigt, so stellt Partenheimer besonders seine Bedeutung für die Identität unserer sachsen-anhaltischen und der brandenburgischen Heimat-Regionen heraus. „Für einen breiteren Leserkreis“, wie er selbst schreibt, kam 2021 Partenheimers neuestes Buch „Albrecht der Bär und die Entstehung Brandenburgs“ heraus.

---

[23] v. Heinemann s. Fußn. 12.

[24] Partenheimer, Albrecht der Bär, Fußn.. 4.

## *Albrecht der Bär und seine Zeit – Teil unserer geschichtlichen Identität*

In einer Region leben – sie als Heimat empfinden – aus ihr seine Existenz schöpfen, immer wieder, jeden Tag – ist solches glückhaft möglich ohne Denken um die Entstehung dieser Heimat?

Gehören nicht auch die Funde, die Fülle der Ausgrabungen aus vorgeschichtlicher Zeit zu den Zeugen der tiefsten Wurzeln unserer heutigen Welt? Nach Jahrtausenden zählt ihre Entstehung.

Jede neue Generation fußt auf der früheren, gibt den Stab an die nächste weiter: Fundamentale Kulturgüter, Sprache, Werkzeuge, Fertigkeiten, Vorstellungen, Glaube, sittliche Werte vererbten sich – in Wandlungen begriffen – bis in unsere heutige Zeit.

Halten wir einmal inne – lassen uns diese Tatsache in ihrer Tiefe einmal bedenken.

## *Albrechts Nachfahren*

**Albrecht der Bär** (* ~1100, + 1170) hatte mit seiner Gemahlin Sophie von Winzenburg 7 Söhne und 4 Töchter.

Ihr **ältester Sohn Otto I. wurde der zweite Markgraf von Brandenburg**, dessen Nachkommen bis zum Aussterben des Geschlechtes 1320 die Mark Brandenburg regierten. Sie erweiterten gestaltend unseren Kulturraum bis an die Oder. Nachfolger als Markgrafen von Brandenburg kamen 95 Jahre später – bis 1918 – aus dem Hause Hohenzollern mit so bedeutenden Herrschern wie dem Großen Kurfürsten und Friedrich dem Großen.

**Erbe der anhaltischen Grafschaft wurde Albrechts jüngster Sohn Bernhard, Graf von Aschersleben und Anhalt und Herzog von Sachsen.**

Dessen Sohn **Heinrich I.** (s. Kap. 13) war der erste Fürst von Anhalt und Stammvater aller folgenden anhaltischen Fürsten- und (nach 1806) Herzogslinien.

# Kapitel 6 Die frühen Askanier im Ballenstedter und mitteldeutschen Raum: Esiko

1000 Jahre ist es her, dass Esiko auf der Burg Ballenstedt lebte, der Urgroßvater Albrechts des Bären. Er war damals ein junger Mann von 20 – 30 Jahren.
Er hatte sowohl hier als auch bei Stangerode und zwischen Harzgerode und Mansfeld großen Besitz. Doch das Zentrum seiner Stammgüter scheint nach den Ergebnissen der neuesten Forschungen um Köthen gelegen zu haben, im Gau Serimunt – dem Gebiet zwischen Saale und Mulde. Besitz ist darüber hinaus auch östlich der Mulde im Gau Nizizi und in der Lausitzer Mark zwischen Delitzsch und Eilenburg an der Mulde belegt[25]. In einigen dieser ausgedehnten Gebiete besaß er Grafenrechte; ebenso im Schwabengau, unserer Region also, dem an Serimunt westlich angrenzenden Gebiet zwischen der Saale im Osten, dem Bodebogen im Norden und dem Harz im Westen; so auch über Gebiete um Aschersleben. Über die Abtei Nienburg an der Saale bei Bernburg und das Kloster Hagenrode im Selketal (Alexisbad-Klostermühle) besaß er die Vogtei.

Gräfliche Verwaltungsaufgaben hatte Esiko auch im Nordthüringgau um die Gerichtsstätte Groß-Mühlingen.[26] Über den Wirkungsbereich des Grafen schreibt Otto von Heinemann auf S. 11 (Zitat): „Von dem großen Grafschaftskomplex, welchen die Markgrafen der Ostmark[27] in den deutschen und wendischen Ländern zwischen Bode und Elbe und über die letztere hinaus besessen hatten, fiel somit die ganze westliche Hälfte dem Hause Ballenstedt zu. Von den Höhen des Harzes bis über die Mulde hinaus und gegen die mittlere Elbe hin erstreckte sich das Gebiet, in welchem die Grafen nicht nur den Gerichtsbann hegten, sondern im Kriege das Heerführeramt verwalteten."

Die eine Vermutung ist, dass das Geschlecht Esikos zum Hochadel der um 570 in unsere Region eingewanderten Nordschwaben gehörte.[28]

---

[25] Helmut Assing u. Lutz Partenheimer in: Lutz Partenheimer: Albrecht der Bär – s. Fußn. 4, S. 16-20.

[26] v. Heinemann: Albrecht der Bär, s. Fußn. 12.

[27] Gemeint ist die sogenannte „sächsische Ostmark", die nach 965 in die Nordmark, die Lausitzer, die Meißener und die Merseburger Mark eingeteilt wurde.

[28] Partenheimer, Albrecht der Bär, s. Fußn. 4, S. 16; v. Heinemann, Albrecht der Bär, s. Fußn. 12.

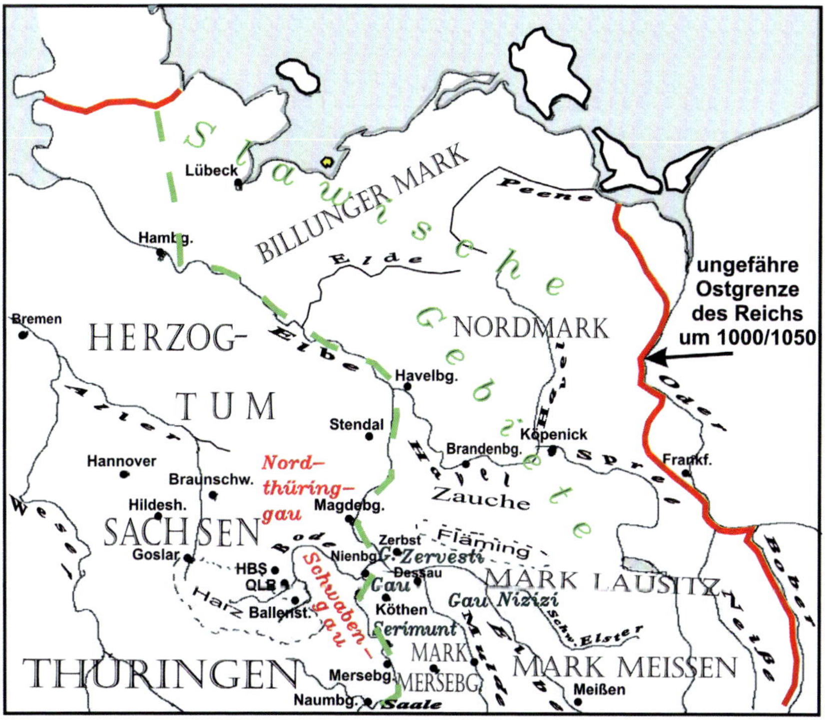


Faustskizze zur Lage der östlichen Marken im slawischen Siedlungsgebiet östl. von Elbe und Saale und der Gaue im Grenzgebiet
(gezeichnet W. Babinecz nach Gr. hist. Weltatlas Bayr.Schulb.verl 1979, Otto der Große, Ausstell. Kult.hist. Ms.Mgdb. 2001, Bd. 1, Verl. v. Zabern Mainz u. wikipedia)

*6-1 Gaue und Marken zur Zeit der frühen Askanier*

Eike von Repgow schrieb im Sachsenspiegel (13. Jh.) über das Geschlecht: „*De von Anehalt sint suavae.*“[29,30]

Von seinem Vater Adalbert I. ist zwar nicht einmal der Name sicher, auch von seiner Mutter nicht (Hidda?).

---

[29] v. Heinemann, s. Fußn.12: S. 294.

[30] Wilhelm Wäschke zitiert den Sachsenspiegel: „Von der Herren Geburt. Nun vernehmet über der Herren Geburt in dem Lande zu Sachsen: der von Anhalt und der von Brandenburg und der von Orlamünde und der Markgraf von Meißen und der Graf von Brehna, diese Fürsten sind alle Schwaben." in „Anhaltische Geschichte", Bd.1, Verl. O. Schulze Köthen 1912, S. 67-68.

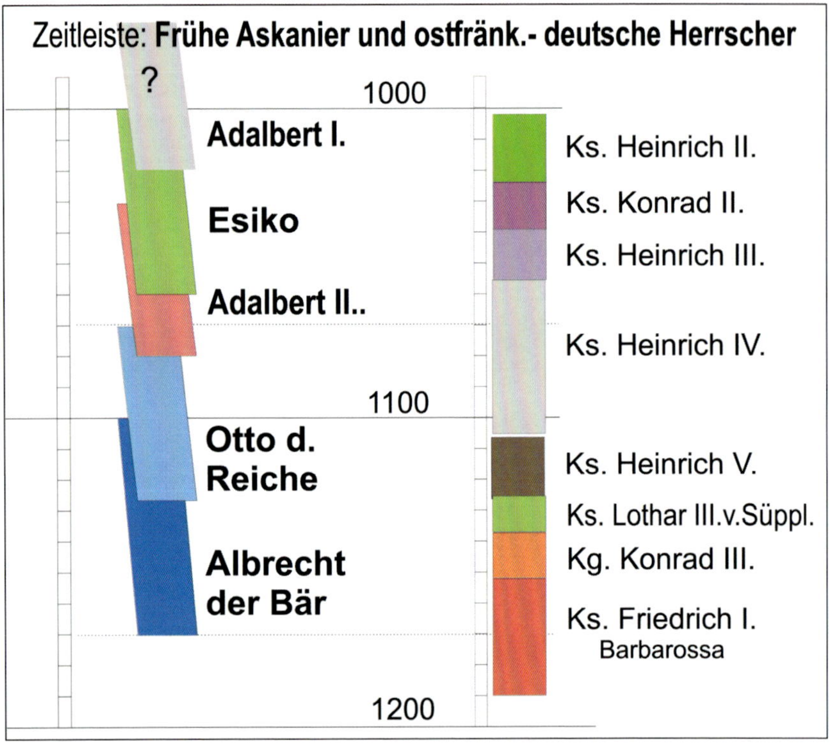


*6-2 Lebenszeiten der frühen Askanier und Regierungszeiten der mittelalterlichen staufischen und salischen Kaiser Kaiser Heinrich IV, kannte alle frühen Askanier von Esiko bis zu Albrecht dem Bären (als Kind) – und Albrecht der Bär hat die Kaiser Heinr.IV, bis Barbarossa erlebt.*
*Arrangement: W. Babinecz*

Dass Esikos Vater trotzdem ein bedeutender Adliger seiner Zeit und Graf in unserer Region gewesen ist, darauf weist der Umstand, dass er die Tochter des berühmten sächsischen Markgrafen Hodo zur Frau hatte, mit einem langen Stammbaum, der zurückverfolgt werden kann bis zu den frühesten Adelshäusern aus der Entstehungszeit des fränkischen Reiches, sowohl fränkischer als auch z. B. alemannischer, langobardischer Familien und sächsischer Sippen in der Erbfolge Markgraf Geros und der Billunger.

Auch umfangreiche Allodien, freies ererbtes Privateigentum ihrer Herkunftsfamilien, brachte Hidda(?) in den askanischen Besitz ein, u. a. die erwähnten erblichen Vogteirechte über die Klöster in Nienburg/Saale und Hagenrode im Selketal. Nicht nur Esikos Vater, sondern auch Esiko selbst heiratete eine bedeutende Frau,

**Mathilde**[31], eine Adlige, die über umfangreichen Allodialbesitz verfügte, in Verwandtschafts-Beziehungen zum Herrscherhaus stand und in einer ebenfalls langen Ahnenreihe von bedeutenden Vorfahren abstammte: von schwäbischen Fürsten, vom Kaiserhaus der sächsischen Liudolfinger (Heinrich I. – Otto der Große – sein Sohn Liudolf), vom englischen König und über ihre Mutter Gerberga, Tochter des Königs Konrad I. von Burgund, auch von Karl dem Großen und den frühesten Karolingern.

*6-3 Ekkehard II. und Uta – die Stifterfiguren des Naumburger Meisters im Naumburger Dom.*
*Quelle: wikipedia gemeinfrei*

Mathildes Schwester Gisela war die Gemahlin Kaiser Konrads II., Esiko also ein Schwager des Kaisers.

Die enge Beziehung zu den schwäbischen Herrschern legt nach Partenheimer (2021, S. 35 – 37) auch den Gedanken nahe, Esikos Vorfahren seien möglicherweise durch den schwäbischen Herzog Liudolf, den ältesten Sohn Kaiser Ottos des Großen um 950 n. Chr. aus Schwaben in unsere Region gekommen. Der Kaiser hatte Liudolf mit dem Auftrag des deutschen Landesausbaus den Gau Serimunt um Köthen übergeben. War vielleicht Esikos unbekannter Großvater(?) mit diesem Unternehmen betraut worden?

31 * um 990, + um 1032/35.

Esikos Schwester Uta, die wie er an dem elterlichen Erbe teilhatte, ist uns als Stifterin für das Bistum Naumburg wohlbekannt, seit ihr der Naumburger Meister etwa 200 Jahre später, um 1250 mit anderen Stiftern und Stifterinnen zusammen im Naumburger Dom ein unsterbliches Denkmal setzte. Uta war verheiratet mit dem Markgrafen von Meißen, Ekkehard II., auch er ein Naumburger Stifter.

Eine andere Schwester Esikos, Haziecha war Äbtissin im Kloster Gernrode.

Esiko stand also in engen Beziehungen zu den weltlichen und geistlichen Herrscherfamilien seiner Zeit.

Seine erste schriftliche Erwähnung findet sich auf einer Urkunde, die 1036 in der Königspfalz Tilleda am Kyffhäuser ausgestellt wurde. Dort beurkundet Kaiser Konrad II. die Gründung eines Marktes bei Bernburg. Eine weitere Spur seines Wirkens in unserer Region führt nach **Ballenstedt**, das mit Esiko stärker ins Licht der Geschichte trat; denn er gründete auf dem Schlossberg in seiner hier vermuteten Burg ein Kollegiatstift[32]. Im Jahr 1046 wurde es in Anwesenheit Kaiser Hein-

*6-4 Esikos Basilika: Grundriss- und Rekonstruktionszeichnung. Quelle: Schlosshof Ballenstedt, Foto: W. Babinecz*

[32] Eine adelige weltliche Einrichtung nach klösterlichem Vorbild.

[33] Bernhard Heese u. Hans Peper: Ballenstedter Chronik – von den Anfängen bis 1920, neu herausgegeben v. Kulturverein Wilhelm von Kügelgen, Ballenstedt (2004), S. 5.

richs III. (des Neffen seiner Frau Mathilde) und des mit dem Kaiser befreundeten Bremer Erzbischofs Adalbert eingeweiht.

Die Schenkungsurkunde ist in der ersten Ballenstedter Chronik[33] auf Seite 5 in hochdeutscher Übersetzung wiedergegeben.

Die damalige Stiftskirche „Pankratius und Abundius" war eine große dreischiffige romanische Basilika, deren Ausmaß sich anhand einer im Schlosshof angebrachten Grafik nur erahnen lässt. Aber in den Mauern des heutigen Schlossturms hat sich das Westwerk des damaligen Baus erhalten. Auch der Grundriss der Kirche ist teilweise noch erkennbar: der halbrunde östliche Abschluss der heutigen barocken Schlosskirche steht auf den Grundmauern der alten Hauptapsis. Und auch die Krypta der Stiftskirche ist in Resten noch vorhanden.

Im Mauerrund der Apsis befindet sich ein alter (vom Putz freigelegter) Stein, darauf steht eingemeißelt links neben dem Kreuz in einer mittelalterlichen Schriftzeile „Hesico comite" soviel wie „von dem Grafen Hesico"[34], leider für den Laien heute nicht mehr leserlich.[35]) (Abb. 6-5)

Weithin sichtbar erhob sich damals die große zweitürmige Stiftskirche, höher noch, als heute das Schloss.

Esiko starb um 1059, etwa 25 Jahre nach seiner Frau, und wurde wahrscheinlich wie sie in seiner Kirche auch beigesetzt.

---

[34] Heese, Peper, s. Fußn. 33, S. 5 unten.

[35] Die Entzifferung geht auf den Hofprediger F. W. Schubart zurück, der über die Entdeckung des Steins in der Anhalter Harzzeitung vom 18. Apr. 1900 und in den Mitteilungen des Vereins f. anhaltische Geschichte u. Altertumskunde Bd. 9 (1904): „Der Hesicus-Stein an der Schlosskirche zu Ballenstedt" berichtete und dort den Schriftzug beschrieb – Zitat: „,AB ESICO COMITE C (conditum) + ',von Graf Esico gegründet'. Die ersten Buchstaben sind unleserlich, vom Namen ESICO ist das E ganz deutlich, ebenso das S in sehr charakteristischer Minuskelform, vom Worte comite sind die vier letzten Buchstaben MITE ganz deutlich, das M in unzialer Form. Der Anfangsbuchstabe für Conditum (gegründet) steht über der Schriftlinie. Die Buchstaben haben eine Höhe von 3 Zentimeter. Hinter dem Worte COMITE folgt noch ein sehr klar und schön eingegrabenes Votivkreuz, in sehr altertümlicher Zeichnung, 8 Zentimeter hoch. Alles in allem unterliegt es keinem Zweifel, daß wir hier den Gedenk- und Weihestein wieder vor uns sehen, welcher im Jahre 1046 bei Erbauung der Kirche durch Graf Esico, den ersten geschichtlichen Ahnherrn unseres Fürstenhauses, an dieser Stelle eingefügt worden ist, so daß also dieser Stein eins der ältesten geschichtlichen Denkmäler unseres herzoglichen Hauses sein würde. Daß Seiner Hoheit, dem Herzog am Geburtstag Sr. Hoheit des Prinzen Eduard [Sohn Friedrichs I., Vater Joachim Ernst's von Anhalt] von dem historisch wertvollen Fund Meldung gemacht werden konnte, möge ein gutes heilbringendes Omen sein. Ballenstedt, den 18. April 1900, Hofprediger Schubart." – Zitatende.
– d. frdl. Mitteilung von Herrn E. Nier, ehem. Leiter des Ballenstedter Museums „Wilhelm von Kügelgen"
– Die Wiedergabe des entzifferten Schriftzuges ist dem Aufsatz von F. W. Schubart: „Der Hesicus-Stein an der Schlosskirche zu Ballenstedt" (s. o.) entnommen. – Frdl. Mitteilung Frau Regina Schade, Leiterin der Ballenstedter Fürstin-Pauline-Bibliothek.

*6-5 Der „Esiko-Stein" in der Apsismauer der Schlosskirche Foto: W. Babinecz – Unten: die entzifferte Inschrift.*

# Kapitel 7 Esikos Sohn Adalbert II. im Konflikt mit dem Kaiser – Sächsische Fürstenopposition

Bei dem Ereignis der Weihe der Ballenstedter Kollegiatstifts-Kirche im Jahre 1046 im Beisein Kaiser Heinrichs III. und des Bremer Erzbischofs Adalbert war Esikos Sohn Adalbert II. (*1030, + um 1080), der Großvater Albrechts des Bären, sechzehn Jahre alt, nach damaligen Begriffen schon ein ritterlicher junger Herr. Da seine früh verstorbene Mutter Mathilde eine Tante des Kaisers gewesen war, war er so etwas wie dessen verschwägerter Vetter. Nach des Vaters Tod um 1059 trat Adalbert in die umfangreichen ererbten Grafenämter ein, und auch in den Quellen taucht nun zum ersten Mal die Nennung „Graf von Ballenstedt" auf. Diese Ballenstedter Grafschaft war gegenüber dem früheren väterlichen Besitztum Esikos um das mütterliche Erbe Mathildes gewachsen. Er hatte Besitz und Herrschaft im Köthener Raum Serimunt, im Gau Nizizi und in der weiteren Mark Lausitz (siehe Abb. 6-1). In Urkunden König Heinrichs IV., der 1056 seinen Vater Heinrich III. als Herrscher des Reichs abgelöst hatte, wird er auch als „Graf im *Schwabengau*" und „Graf im *Nordthüringgau*"[36,37]; bezeichnet..

Der Askanier hatte also zu dieser Zeit bereits große Teile unserer Region in Verwaltung. Auch die sehr umfangreichen Allodien (der private Eigenbesitz) seiner Eltern gehörten nun ihm.

Seine Gemahlin wurde Adelheid von Weimar-Orlamünde. Wie sein Vater und sein Großvater heiratete auch er wieder eine Frau mit einem glänzenden Stammbaum[38], mit Vermögen und einflussreichen Verbindungen: durch ihren Vater, Otto Graf von Weimar-Orlamünde und Markgraf von Meißen, zum hohen thüringischen Adel und durch ihre Mutter Adela von Brabant zu den Grafen von Löwen aus dem alten karolingischen Adel im flandrischen Lothringen[39].

Wegen der Allodien aus der weimar-orlamündischen Grafschaft nach dem Tod von Adelheids Vater (+ 1067) geriet Adalbert das erste Mal in Konflikt mit dem

---

[36] Siehe Kartenskizze S. 36 in Kapitel 6: Schwabengau: im Bode-Bogen und südlich zwischen Harz und Saale; Nordthüringgau: Gebiet nördlich der Bode und westlich der Elbe.

[37] Partenheimer, Albrecht der Bär, s. Fußn. 4.

[38] Wie das Abstammungsdiagramm in Kapitel 5, Abb. 5-1 erkennen lässt.

[39] Deren Vorfahrenreihe über König Lothar, den Enkel Karls des Großen bis zu dem frühest bekannten fränkischen Edlen Karlmann, gest. um 580, hinabreicht (s. Partenheimer, Die Rolle der Frauen, s. Fußn.11, S. 254–274).

neuen König Heinrich IV. (Kaiser erst ab 1084[40]), der sich Güter aus diesem Erbe unrechtmäßig aneignen wollte.[41] Auch wegen der Vergabe der Grafschaft selbst schaffte sich Heinrich IV. weitere Gegner. Da Einsprüche nichts nützten, kam es zu Bündnissen und Fehden gegen den König, um es deutlich zu sagen: blutigem Streit. Die weltlichen und geistlichen Fürsten im Reich, besonders in Sachsen, waren unter den Nachfolgern Kaiser Ottos des Großen (*Otto II., Otto III, Heinrich II.*) immer selbständiger geworden. Diesen Lehnsadel wollte Heinrich IV. in brüskierender Weise wieder stärker unter die „von Gottes Gnaden" regierende Reichsgewalt zwingen, wodurch ihm eine starke innere Opposition erwuchs.

Zur gleichen Zeit erhob das der Verweltlichung der Kirche entgegentretende Reform-Papsttum in Rom die Forderung auf das Recht der Einsetzung der Bischöfe (Investitur), das seit Karl dem Großen dem Kaiser oder König zustand. Das war der Griff des Papstes nach der Macht im Reich und ein Akt, der königlichen Herrschaft die direkte Gottesgnade abzusprechen. So hatte sich Heinrich IV. einer zweiten Front zu erwehren – der gegen den Papst Gregor VII. im Investiturstreit.

Die päpstliche Waffe der Exkommunikation und des Kirchenbanns entband den Lehnsadel im Reich vom Heiligen Treueeid gegenüber dem König und schwächte damit massiv dessen Macht im Innern, zerstörte den Reichsfrieden und gab der ohnehin bestehenden Opposition des selbständiger gewordenen Lehnsadels zusätzlichen Auftrieb.

Um die königliche Macht durchzusetzen, begann Heinrich IV. an den Rändern Sachsens zahlreiche Burgen zu bauen – **Reichsburgen**. „*Heinrich der Burgenbauer*", wie er deswegen genannt wird, belegte sie mit königtreuen ortsfremden „Mannen" (Burgbesatzungen). Diese tyrannisierten und beraubten die Bevölkerung und erzeugten Verbitterung über ihr rücksichtsloses und gewalttätiges Verhalten, so dass der sächsische Adel auch die Bewohner der burgnahen Dörfer im Krieg gegen den Herrscher auf seiner Seite hatte.

In unserer Region ließ Heinrich IV. als Hauptfeste die **Harzburg** bauen und des weiteren als Reichsburgen die **Ilsenburg**, die **Heimburg**, die **Lauenburg** und in

---

[40] Nach Abwahl und Exkommunikation des Papstes Gregor VII. und Wahl des Gegenpapstes Clemens III.

[41] Die Beschreibung der Ereignisse folgt den Darstellungen bei Partenheimer, s. Fußn. 4 und v. Heinemann, s. Fußn. 12 sowie wikipedia-Recherchen.

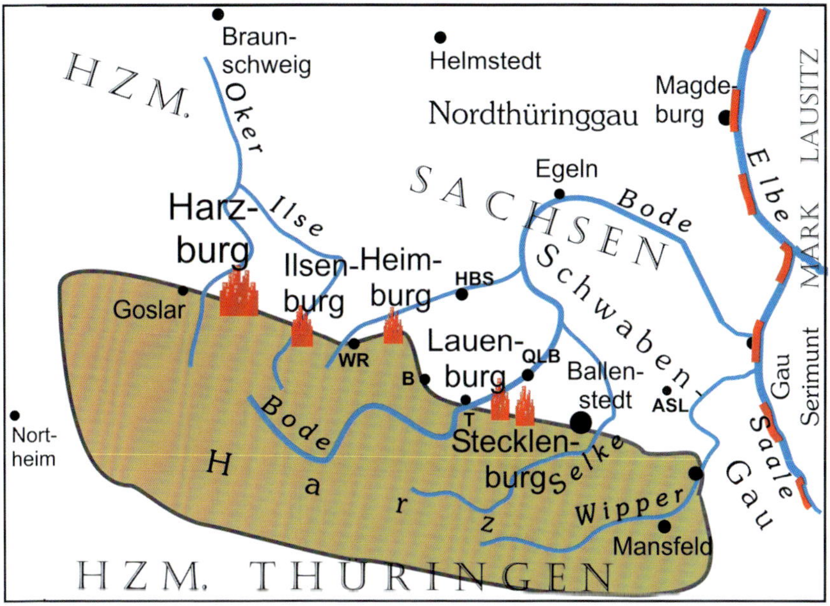


*7-1 Reichsburgen Heinrichs IV. am sächsischen Harzrand in der Nähe der Ballenstedter Grafschaften*
*ASL = Aschersleben: B = Blankenburg;*
*HBS = Halberstadt;*
*QLB = Quedlinburg; WR = Wernigerode.*
*Skizze: W. Babinecz*

deren Nachbarschaft wahrscheinlich auch die **Stecklenburg**, für die alle als Erbauungszeit das spätere 11. Jahrhundert, also um 1060/70 angenommen wird. Sie wurden alle kurz darauf von der Sachsenopposition wieder zerstört.[42]

Unter der Führung des Grafen von Northeim im Verein mit den Bischöfen von Halberstadt und Magdeburg, dem sächsischen Herzog Magnus Billung[43], dem Grafen Adalbert von Ballenstedt und weiteren sächsischen und thüringischen Fürsten brachten die Sachsenaufstände gegen Heinrich IV. zwei Jahre lang, von 1073 bis 1075, Kämpfe, Belagerungen, Siege und Niederlagen und, damit verbunden, Zer-

[42] U.a. Recherche bei wikipedia: Ilsenburg: 31.10.21, Heimburg: 2.8.21, Lauenburg 16.11.21, Stecklenburg 13.11.21.

[43] Mutterseitiger Großvater Albrechts des Bären

störungen, Plünderungen und Verwüstungen der Dörfer und Fluren, Leid, Tod und Verzweiflung für das Volk.

Nach Heinrichs schließlichem Sieg über die Aufständischen in der Entscheidungsschlacht bei Bad Langensalza[44] im Jahr 1075 geriet neben den anderen Verschwörern auch Adalbert in königliche Gefangenschaft und in mehrjährigen Gewahrsam königtreuer Fürsten.

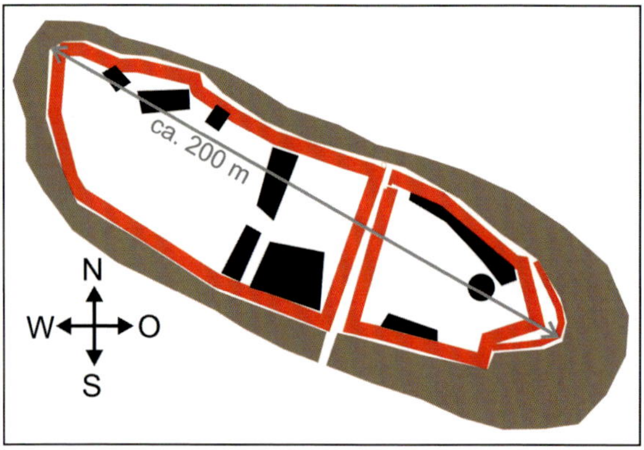


*7-2 Die Harzburg (Grundriss-Skizze)*

Aber der Kirchenbann gegen Heinrich IV. ließ viele seiner einstigen Verbündeten – ob aus Gottesfurcht oder die Gunst der Situation nutzend - von ihm abfallen, so dass schließlich der König trotz mehrerer vorheriger Siege unterlag und der Zerstörung seiner Burgen zustimmen musste.

Übrig geblieben und zu besichtigen sind allenfalls noch Ruinen. Sonst erinnert nichts mehr an die hier vor 950 Jahren ausgetragenen blutigen Kämpfe zwischen dem sächsischen Hochadel und König Heinrich IV.

Die **Harzburg** („Hartenburg" 1065, nur im Grundriss)[45], die mächtigste und prächtigste von Heinrichs Burgen, zur Schutzburg, Residenz und Grabstätte ausersehen[46], wurde nach der Zerstörung 1074 zunächst von Heinrich selbst und nach erneuter Schleifung später von den Stauferkaisern (Friedrich I. Barbarossa u. Friedrich II.) wieder aufgebaut und eine Zeitlang bewohnt. (Die heutige Touristenattraktion auf dem Burgberg zeigt nur rekonstruierte Reste dieser ***späteren*** Burg). –

[44] An der Unstrut zwischen Thamsbrück und Langensalza.

[45] Grundriss-Skizze der Großen Harzburg Heinrichs IV. v. R. Nehring (1902), skizziert von W. Babinecz nach einer Vorlage in: J. Walz, Der Harz – Kunst-Reiseführer Du Mont-Verlag Köln 2. Aufl. (1995), S. 68.

[46] Dehio-Gall: Handbuch der deutschen Kunstdenkmäler: Bd. 1 Niedersachen und Westfalen, Deutscher Kunstverlag München/Berlin, zweite Aufl.(1949), Neubearb. durch G. Kiesow u. a., Dtsch. Kunstverl. (1977).

An die **Ilsenburg** erinnert den Harzwanderer nur eine Tafel mit einer Zeichnung; auf ihrem ehemaligen Platz beim Ilsestein.[47]

*7 3 ie Ilsenburg*
*Zeichnung ihres mutmaßlichen Aussehens.*
*Foto W.Babinecz nach einer Erläuterungstafel vor Ort*

An der Stelle der einstigen **Heimburg** auf dem Burgberg nahe dem Dorf Heimburg zwischen Blankenburg und Wernigerode steht ein erinnernder Aussichtspavillon; Ruinen sieht man dort gar nicht mehr.[48] –

Allein von der **Lauenburg**[49] und der **Stecklenburg** können noch ansehnliche Ruinenreste bestaunt werden.[50] – Nur knapp 10 km Luftlinie entfernt von Adalberts Burg auf dem Ballenstedter Schlossberg hatte Heinrich IV.

*7-4 Burgberg beim Dorf Heimburg mit Aussichtspavillon . Foto: W. Babinecz*

[47] Vermutetes Aussehen der Ilseburg . Foto W. Babinecz nach einer Erläuterungstafel vor Ort.

[48] Ernst Gall (s. Dehio (s. Fußn. 46), dort Fußnote 10) erwähnt für 1934 noch eine „umfangreiche Burgruine".

[49] Das Bild zeigt den begehbaren Rest der Vorburg; auch von der Hauptburg haben sich Ruinen erhalten.

[50] Ruinen der Lauenburg und der Stecklenburg, Fotos W. Babinecz.

*7-5 Die Lauenburg Ruine der Vorburg. Das Bild zeigt den begehbaren Rest der Vorburg; auch von der Hauptburg haben sich Ruinen erhalten. Foto: W. Babinecz*

die Lauenburg und wahrscheinlich auch die Stecklenburg bauen lassen – konnte das dem Askanier gefallen? – Sicherlich nicht! –

Aber davon erzählen die Ruinen nichts. Auch nicht, dass in den Jahrzehnten der Auseinandersetzung zwischen hohem Fürstenadel und Königtum in unserer unmittelbaren Heimatregion die Weichen gestellt wurden für die Machtverteilung im Reich und die spätere Entwicklung Deutschlands, während der sich die politische Landschaft ganz verändert hat. – Die Geländeform aber zeigt sich uns noch immer so, wie den Menschen damals:

Der Wurmbach, über dessen tiefem Tal die Lauenburg liegt, rauscht wie damals über die großen und kleinen Granitblöcke – was sind dem Granit 1000 Jahre? - Beim Aufstieg auf dem steilen Weg neben dem Bach kann man sich solchen Gedanken an das „Damals" –, die alten Zeiten –, hingeben.

Und wie damals streift, oben angekommen, der freie Blick ins weite Vorland! – Wieviele der unten in den Dörfern Wohnenden mögen Nachkommen sein der vor fast 1000 Jahren hier streitenden Ritter und Bauern? – Schneetreiben auf den Spu-

*7-6 Die Stecklenburg*
*Teilansicht der ausgedehnten Ruine. Foto: W. Babinecz*

ren des Sturmtiefs „Sabine“ verdüstert die Ruine der Vorburg. Damals hat blutiges Getümmel die geschundene Natur und das Gemüt der Menschen verdüstert. –

Nur wenige hundert Meter östlich liegt dicht an der Bergkante die Ruine der Stecklenburg. Man kann staunen, wie fest der bald 950 Jahre alte Mörtel die Steine der Mauerreste noch zusammenhält. Angesichts der ragenden Ruinen taucht plötzlich die Erinnerung auf an Ludwig Uhlands Ballade „Des Sängers Fluch“.

Die imposanten Ruinen am Harzrand haben zur Zeit der Romantik und des beginnenden Tourismus berühmte Landschaftsmaler in den Harz gelockt, u. a. Ludwig Richter. Was mag ihnen, außer den malerischen Formen, beim Anblick der Trümmer durch den Sinn gegangen sein? –

Die Gefangenen des Königs, auch Adalbert II., der Graf von Ballenstedt, kamen nach Jahren schließlich frei, als mit der Exkommunikation des Herrschers im Investiturstreit der Papst die verbündeten Fürsten ihres Treueides entbunden hatte. Vorher hatten aber die königlichen Vasallen Raub und Zerstörung in den Landschaften der Gefangenen betrieben, in unserer direkten Nachbarschsaft auch der

*7-7 Lauenburg und Stecklenburg – Stahlstich von Ludwig Richter 1838 bei Wigand, Leipzig*

von edler Gesinnung wohl kaum erfüllte Edle Egeno von Konradsburg bei Ermsleben. Adalbert wurde um 1080 herum – ein genaues Datum ist nicht auszumachen – wahrscheinlich im Zusammenhang mit Schadenersatzforderungen für die erlittenen Verwüstungen und Plünderungen, von diesem Egeno bei Westdorf heimtückisch erschlagen.

An diese Untat erinnert dort heute noch ein Sühnekreuz. Die mörderische Feindschaft der Konradsburger zu den Askaniern war mit dieser Tat nicht zu Ende.

Die beiden unmündigen Söhne Adalberts, Otto (* um 1070) und Siegfried (*1075) kamen in die Vormundschaft des Pfalzgrafen bei Rhein, den Adalberts Witwe Adelheid (+ 1100) später geheiratet hatte.

*7-8 Sühnekreuz an einem Feldweg zwischen Westdorf und Ermsleben. Foto: W. Babinecz u. K.-H. Meyer 2019*

*7-9 Siegelbild Adalberts II. (um 1073). Bild-Quelle: K.-H. Meyer*

# Kapitel 8 Adalberts Söhne Otto und Siegfried, Sachsen-Opposition, Maria Laach und Welfesholz

Wie ging es nach der Ermordung Adalberts II. weiter? War seine Ballenstedter Burg hier oben auf dem Schlossberg noch bewohnbar? Wo und wie lebten seine Frau und seine beiden Söhne? Eine einfache Kindheit werden die beiden nicht gehabt haben – der Vater oft fern und ringsum Krieg! Mit des Vaters Tod trat der blutige Ernst in die vielleicht bis dahin eher als hartes Abenteuer erlebte ritterlich-gräfliche Erziehung. Nun wurde Adalbert in der Familiengruft in der Ballenstedter Basilika seines Vaters Esiko beigesetzt. In dem Siegelbild aus der Zeit um 1073 (Abb. 7-9) ist der Nachwelt ein Andenken an ihn überliefert, das älteste bekannte Abbild eines Vorfahren des anhaltischen Fürstenhauses[51].

Wie alt waren die beiden Söhne damals? Otto wurde um 1070 geboren und Siegfried 1075[52]. Bei des Vaters Tod war Otto zwischen 7 und 13 und Siegfried zwischen 2 und 8 Jahre alt. 1083 erschien Ottos schon damals in einer Urkunde ohne den Vater[53]. Die Ermordung des Grafen war jedenfalls für seine Familie eine bittere Katastrophe. Die Witwe Adelheid verschlug es mit ihren Kindern an den Rhein. Sie heiratete einige Zeit später wieder. Erst den lothringischen Pfalzgrafen Herrmann II.[54], dann 1088, nach dessen Tod in einer Fehde mit dem Grafen von Namur[55], den Grafen Heinrich von Laach[56] und Pfalzgrafen bei Rhein (s. Abb. 8-5). Der adoptierte die beiden Söhne. Otto war damals 18 und schon selbständig und Siegfried 13.

Was passierte in diesen Jahren in Ballenstedt? Wer besorgte Adalberts gräfliche Aufgaben? War es Adelheid selbst, vom Rhein aus, oder standen ihr der Pfalzgraf, ihre Mutter Adela von Löwen/Brabant[57] oder andere mit Adalbert Verbündete

[51] Sammlung Karl-Heinz Meyer.

[52] Siehe diesbezügliche wikpedia-Seiten - (für Otto: 5.10.2021, für Siegfried 1.10.2021).

[53] Partenheimer, Albrecht der Bär, s. Fußn. 4, S.25.

[54] Pfalzgraf v. Lothringen, Graf v. Zülpichgau, Rurgau, Brabant *1049, + 1085 (wikipedia, 22.9. 2021) bzw. +1088 (Partenheimer. s. Fußn. 4, S. 25).

[55] Namur an der Maas gelegen, etwa 50 km westl. v. Lüttich im heutigen Belgien, damals Niederlothringen.

[56] Benannt nach dem bei Koblenz in der Vulkaneifel gelegenen Laacher See.

[57] Ihr Vater Otto von Weimar-Orlamünde und Markgraf von Meißen war schon 1067 gestorben.

zur Seite? – Die Gefahr, dass Heinrich IV., von Papst Clemens III. inzwischen zum Kaiser gekrönt (1083), die Erblehen einziehen könnte, bestand zwar nicht unmittelbar, da Adalbert zwei männliche Nachkommen hatte, aber im Auge wird er sie gehabt haben, angesichts seines angespannten Verhältnisses zu den Askaniern.

**Otto** trat, als er mündig geworden war, als **Graf von Ballenstedt** in die umfangreichen vom Vater geerbten Grafenämter ein.

So wie heute Albrecht der Bär im Standbild, mag Otto damals schon in die ferne Weite seiner ausgedehnten Besitzungen und Amtsgebiete geblickt haben.

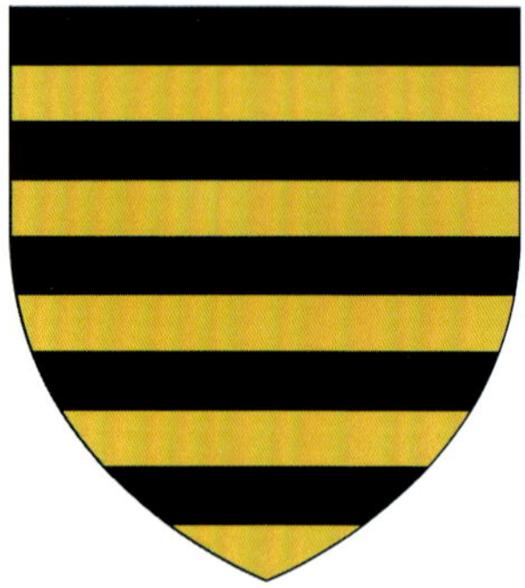

*8-1 Wappen der Grafen von Ballenstedt*
*Quelle: wikipedia gemeinfrei*

***Er*** führte nun das askanische, das Ballenstedter Wappen, so wie es auch auf dem Schild unserer neuen Albrecht-Statue auf dem Ballenstedter Schlosshof zu sehen ist. Die Allodien teilten sich die Brüder, wobei nach der Mutter Tod im Jahr 1100 sich Otto auf die väterlichen Güter im Nordthüringgau und Siegfried auf die mütterlichen weimar-orlamündischen konzentrierte.

Um 1094[58] heiratete **Otto von Ballenstedt** Eilika, die jüngere der beiden Töchter des mächtigen Sachsenherzogs Magnus Billung. Sie brachte dem askanischen Haus bedeutenden Allodialbesitz und schenkte einem Sohn und einer Tochter das Leben: **Albrecht** (den Bären) (um 1100) und Adelheid. Mit Herzog Magnus' Tod im Jahr 1106 fiel dem Askanier fast die Hälfte des billungischen Erbes in der Nord- und der Billunger Mark[59] zu, darunter umfangreiche Teile der Altmark.[60] Der umfangreiche Besitz trug dem Grafen Otto vermutlich den Beinamen „Otto der Reiche" ein.

Den anderen Anteil erbte *Wulfhild*, Eilikas ältere Schwester, die zwischen 1095 und 1100 den Bayern-Herzog Heinrich den Schwarzen aus dem Geschlecht der Welfen heiratete.

---

[58] Lt. wikipedia: Otto von Ballenstedt, Leben, Graf von Ballenstedt und Herzog von Sachsen, (5.10. .2021).

[59] Ungefähre Lage der Marken u. Gaue s. Kartenskizze in Kap. 6, Abb. 6-1.

[60] Partenheimer, Albrecht der Bär , s. Fußn. 4, S.26.

Durch diese Heirat fassten die bayrischen Welfen auch in Sachsen Fuß, gewannen hier bald Einfluss und Macht und wurden in ihren Besitztümern, die durch Wulfhild ererbten Billunger Allodien, räumliche Nachbarn der Askanier. Mit ihnen erwuchs später dem Sohn Ottos, Albrecht dem Bären, eine starke Konkurrenz um die Herrschaft im Herzogtum Sachsen, wie sich später noch zeigen wird. Mit den ererbten Gütern, Verpflichtungen und Rechten war Otto sofort, wie schon sein Vater, in die Konflikte und Auseinandersetzungen der feindlichen politischen Parteien hineingezogen. Immer noch kämpfte Heinrich IV., seit 1084 Kaiser, mit den widersetzlichen sächsischen und thüringischen Fürsten und anderen Großen und, nach der Absetzung des Papstes Clemens III. und Einsetzung des neuen Reformpapstes Urban, wieder verstärkt gegen die päpstliche Vorherrschaft im Reich.

1095 starb der Pfalzgraf bei Rhein, und Adelheid wurde zum dritten Mal Witwe. Siegfried von Ballenstedt, ihr Sohn, Ottos Bruder, trat in das vom Adoptivvater Heinrich geerbte Amt des Pfalzgrafen ein. Als solcher gehörte er zu den obersten politischen Beamten des Königs, dem er bis an dessen Ende treu blieb.

Er übernahm aber auch ein großes Bauvorhaben, das sein Adoptivvater Heinrich 1093 begonnen hatte, den Weiterbau des Klosters Maria Laach. In der Gründungsurkunde hierzu heißt es: „ … *Da ich kinderlos bin, habe ich unter Zustimmung und Mitwirkung meiner Gemahlin Adelheid zum Heil meiner Seele und zur Erlangung des ewigen Lebens auf meinem väterlichen Erbe, nämlich in Laach, zu Ehren der Gottesmutter Maria ein Kloster gegründet, als Wohnsitz für all jene, welche die Mönchsregel befolgen…". Am sichersten würde die memoria, das Totengedenken, würden die Gebete für den Nachkommenlosen im Kreis der Mönche aufgehoben sein!*[61] – An dieser Stelle wird einmal sichtbar, in welchen Gedanken- und Gefühlswelten die mittelalterlichen Menschen lebten – uns Heutigen teilweise nicht mehr verständlich; aber damals die Triebfeder ihres – uns ebenfalls oft kaum verständlichen – Handelns; im tiefen Glauben, Gottes Willen zu vollziehen, oder in Furcht vor dem Jüngsten Gericht und dem Fegefeuer. Und trotzdem nicht vor Verbrechen, Bereicherung, Machtgier, Raub und Totschlag zurückschreckend.

Schlechte Nachrichten aus Byzanz (Konstantinopel = Istanbul) über Bedrohungen der dortigen orthodoxen Christenheit durch die türkischen Seldschuken und die Behinderung der Handelswege zum Orient durch die Araber bewegten den

[61] In: Elmar Veeser: „Fehden, Fälschungen und die Hoffnung auf Barmherzigkeit – die Gründungsgeschichte des Klosters Maria Laach", Hrsg. Stadt Andernach u. die Verbandsgemeinden Brohltal, Mendig, Pellenz (2003)

Papst und glaubenseifrige Mönche zum europaweiten Aufruf, mit dem Kreuz gegen die Heiden zu ziehen, und die Menge war schnell fanatisiert. (Wie sie sich zu allen Zeiten begeistern und fanatisieren lässt – das ist uns gerade aus den letzten beiden Jahrhunderten und bis in die Gegenwart so nah vor Augen! – Kann einem das Damalige nicht irgendwie sehr modern und bekannt vorkommen?) – Auch der junge Pfalzgraf Siegfried nahm vermutlich an einem Kreuzzug teil, aus dem er 1097 zurückkam.

Die Bauarbeiten an der Laacher Abtei hatten 1093 mit großem Eifer begonnen und gingen zunächst bis zum Tode Adelheids unter ihrer Leitung weiter.

*8-2 Abtei Maria Laach heute*
*mit frdl. Genehmigung des Klosters (CarstenHensgens_RWTH_DSC04622)*

Nach ihrem Tod (1100) ruhte vorläufig der Bau. Fehden mit dem Pfalzgrafen von Limburg (Brabant)[62] um die Lehnsnachfolge von Laach, der Tod Kaiser Heinrichs IV., seines Gönners, 1106, seine Heirat mit Gertrud von Northeim, der Tochter des zur Sachsen-Opposition gehörenden Northeimer Grafen Heinrich des Fetten im Jahr 1107 und Spannungen zum neuen König Heinrich V. wegen Erbansprüchen an der Grafschaft Weimar-Orlamünde nahmen seine Kraft voll in An-

[62] Die Burg über der Stadt Limbourg sur vestre im heutigen Belgien zwischen Aachen und Lüttich.

spruch; durch Intrigen seitens des Limburgers geriet er bei dem neuen König in Ungnade und bis 1112 in Haft. Dann erst konnte der Ballenstedter den Bau, mit neuen Urkunden und kaiserlichen Garantien versehen, fortführen. Er und später sein Sohn und Nachfolger Pfalzgraf Herrmann vollbrachten damit eine kulturelle Großtat. Da Hermann kinderlos starb, setzte eine reiche Stifterin, die Gräfin von Are, das von seinem Vater Siegfried und dessen Pflegevater Heinrich von Laach überkommene Werk fort.

Die heute weltberühmte Abtei **abbatia ad lacum – Maria Laach** am Laacher See in der Eifel bei Koblenz unweit des Rheins überdauerte alle Krisenzeiten des Mittelalters und der Neuzeit.

Unsere Region wurde durch das Haus Ballenstedt, seine aufstrebende Kraft und seinen Reichtum, seine Nähe zur königlichen Macht einerseits und gebunden an die sächsischen wie die eigenen Interessen andererseits zu einem zentralen Raum in der Auseinandersetzung zwischen König, Adel und Papsttum und zum Ausgangsgebiet für die zukünftige – und bis heute dezentrale Entwicklung des mittelalterlichen deutschen Reichs.

Im allgemeinen Kreuzzugs- und Missionsfieber planten 1108 die Bischöfe der östlichen Marken (Sachsen, Nordmark, Meißener Mark, Thüringen), auch Otto der Reiche und viele weitere weltliche Fürsten des ganzen Reichs einen Missions- und Eroberungszug ins Wendenland.[63] Die Grenzstreitigkeiten an Elbe, Saale und Oder hatten seit König Heinrich I. und Kaiser Ottos dem Großen nie aufgehört und die früheren Eroberungs- und Missionserfolge wieder weitgehend zunichte gemacht. Otto von Ballenstedt war aber vermutlich schon 1106 in diplomatischer Fühlung mit dem christlichen Hevellerfürsten Pribislaw-Heinrich im Havelgebiet – was später seinem Sohn, Albrecht dem Bären, von Nutzen war – und unterlief damit die Konkurrenz des Magdeburger Bischofs (s. Fußn. [4]).

Für die sächsischen Interessen barg der neue König Heinrich V. (Kaiser ab 1111), der gewaltsam in schärfster Gegnerschaft zu seinem Vater an die Macht gekommen war, neuen Konfliktstoff.

Aber nicht nur für Sachsen: – durch seine bald erkennbare noch rigorosere Machtpolitik schuf er sich schnell Feinde – von den lothringischen Rheinlanden und Westfalen bis nach Sachsen und Thüringen. Für den 1106 ohne männliche

[63] Partenheimer, Albrecht der Bär , s. Fußn. 4.

Erben gestorbenen Sachsenherzogs Magnus Billung setzte er als Nachfolger nicht die verwandten Anwärter Otto oder Siegfried von Ballenstedt oder den Welfen Heinrich den Schwarzen ein, sondern den für schwach gehaltenen Lothar von Süpplinburg[64]. Aber auch ihn machte sich Heinrich V. zum Gegner, als er den Kaiser einer Ämtermauschelei überführte.[65] Lothar wurde abgesetzt, Otto von Ballenstedt dafür zum sächsischen Herzog berufen, dann jedoch einige Monate später wieder gegen Lothar ausgetauscht. Lothar wurde nur äußerlich versöhnt, Otto aber brüskiert, nachdem ihn die Herzogswürde kurzzeitig in den höchsten Adelsstand unter dem König erhoben hatte. Und die kaiserliche Intrige trübte das gute Verhältnis zwischen Lothar und Otto.

*8-3 Sühnekreuz für Siegfried von Ballenstedt, Pfalzgraf bei Rhein*
*Quelle: K.-H. Meyer*

Im selben Jahr 1112 kamen die Spannungen zwischen Kaiser und Fürsten gewaltsam zum Ausbruch, als dieser dem Pfalzgrafen Siegfried bei Rhein, Otto des Reichen Bruder, die Ansprüche auf die weimar-orlamündische Grafschaft streitig machte und ihm die von seiner Mutter Adelheid geerbten thüringischen Allodien

[64] Graf im Harzgau, ehemalige Stammburg Süpplingenburg b. Helmstedt, Vater: Gebhard, +1075 in der Schlacht b. Langensalza, siehe auch Partenheimer, s. Fußn. 4.

[65] Ausführl. b. v. Heinemann: Albrecht der Bär, s. Fußn.12.

verweigerte. Die allgemeine Empörung des Adels gegen den Kaiser wurde aber niedergeworfen, u.a. auch die Stadt Halberstadt zerstört.

Bei einem Treffen mehrerer Kaisergegner bei Warnstedt zwischen Thale und Timmenrode im Februar 1113 wurden diese von dem kaisertreuen Hoyer von Mansfeld überfallen.

Der Pfalzgraf Siegfried starb im März an seiner schweren Verwundung, Wiprecht von Groitzsch[66], ebenfalls verwundet, wurde bis 1117 in Gefangenschaft gehalten, Ludwig der Springer entfloh, musste die von ihm erbaute Wartburg dem Kaiser ausliefern und verlor sein Landgrafenamt.

Die willkürliche Bestrafung auch der Söhne Siegfrieds durch Entzug des Pfalzgrafenamtes und Wegnahme ihrer Allodien brachte die allgemeine Opposition zur hellsten Empörung. **Die Schlacht am Welfesholz** zwischen Sandersleben und Hettstedt im Februar 1115 endete mit der

*8-4 einkreuz Welfesholz u. Lageskizze*
*Foto: W. Babinecz / Karte: open streetmap*

[66] Grafschaft b. Leipzig. - Burg Greutzsch ca. 20 km südwestl. v. Leipzig zw. Borna u. Weißenfels a. d. Weißen Elster.

vernichtenden Niederlage des Kaisers und dem Tod Hoyers von Mansfeld im Zweikampf mit dem Sohn des gefangenen Wigberts von Groitzsch.

Einige Tage zuvor hatten Wenden (ca. 3000 nach der Überlieferung) den gräflich-Ballenstedter Gau Serimunt
(Abb. 6-1) überfallen und plünderten in der Stadt Köthen. Ottos Truppe überraschte sie und vertrieb die Restschar (ca. 1500) der Plünderer bis in den Fläming hinein. Albrecht der Bär war damals fünfzehn Jahre alt und wahrscheinlich direkt oder indirekt an dem Kampf beteiligt.

Auf dem Fürstentag in Würzburg 1121 musste Heinrich V. mit seinen Gegnern einen Reichsfrieden schließen und allen von ihm geschädigten Fürsten Genugtuung leisten, schließlich auch den Söhnen des getöteten rheinischen Pfalzgrafen Siegfried von Ballenstedt.

In den folgenden zwei Jahren bis zu seinem Tod im Jahr 1123 widmete sich Otto der Reiche zusammen mit seinem Sohn unmittelbaren Ballenstedter Angelegenheiten.

Albrecht war wahrscheinlich seit 1115 an seines Vaters Otto Seite schon mit der Wahrung der Rechte seiner Vettern, der Söhne seines Vaterbruders Siegfried, an der Grafschaft Weimar-Orlamünde und der rheinischen Pfalzgrafschaft befasst. Hier waren auch Zugriffe des Erzbistums Trier abzuwehren, die Albrecht den Bären noch länger beschäftigten.

Über Siegfried von Ballenstedt (und Pfalzgraf bei Rhein) und dessen Söhne Siegfried und Wilhelm, seine Vettern, war Albrecht auch mit der Grafenfamilie von Northeim und den Grafen von Süpplinburg verschwägert. Denn die Schwester seiner Tante Gertrud, Richenza, war mit Lothar von Süpplinburg verheiratet.

Die vielseitigen verwandtschaftlichen Verbindungen zeigt das nachstehende Diagramm (Abb. 8-5).

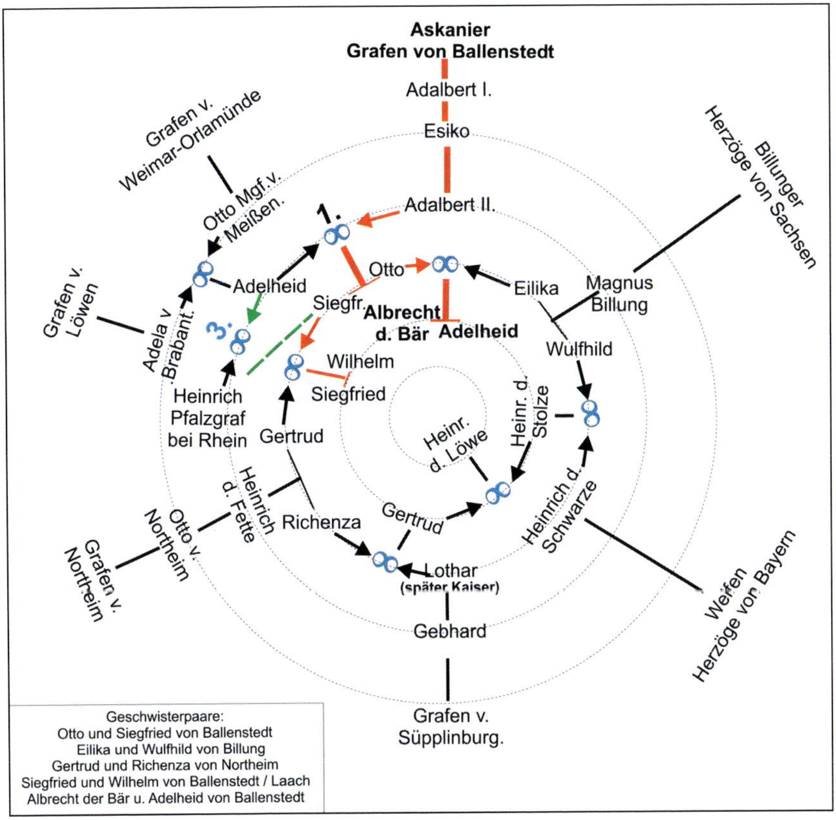


*8-5 Verwandtschaftsbeziehungen im Umfeld Ottos von Ballenstedt und Albrechts des Bären*
*Entwurf: W. Babinecz*

# Kapitel 9 **Burg Anhalt**

30. März 2020, gerade ist die Sonne aufgegangen, einen Tag nach dem Fastensonntag „Judica“ [67].

Es scheint ein schöner Tag zu werden.

Rückblende: 30. März **1120**, Dienstag nach Laetare, knapp 14 Tage vor Ostern[68] – vielleicht war es damals, vor 900 Jahren, auch so sonnig, aber frostig am frühen Morgen auf dem Ballenstedter Burghof? Welche Geräusche konnte man hören hier oben auf dem Schlossberg – oder besser: Burgberg? Das Brüllen der Kühe in dem nahen Wirtschaftshof? Oder das Bellen der Hunde, das Stampfen der Pferde, die ein Stallknecht gerade einem Knappen übergeben hatte? Kam gerade jemand mit einem Anliegen auf die Burg, aus dem Dorf unten an der Getel? ... Von solchen „Alltäglichkeiten“ liest man nichts in den überlieferten Chroniken – wie auch? Die Burgherren, der 20-jährige Albrecht und sein 50-jähriger Vater Otto, genossen vielleicht gerade wieder einmal den herrlichen Blick in die Weite.[69]

Der Terminkalender ihres Schreibers war reich gefüllt – der junge Graf Albrecht musste in 14 Tagen, zu Ostern, in Halberstadt beim Bischof sein ohne den Vater[70]; hatte Otto vielleicht zur gleichen Zeit eine wichtiges Treffen mit der sächsischen Opposition, den Hoftag betreffend in Würzburg im nächsten Jahr, an dem der Kaiser einen Reichsfrieden verkünden, sich mit dem Adel ausgleichen und Genugtuung leisten würde? – Hat Ottos Gemahlin, die energische 39-jährige Eilika, die Billunger-Tochter, Albrechts Mutter, den einen oder den anderen begleitet?

... Nun stand die Sonne schon über der Konradsburg ...

Dort war man ja dabei, aus der Burg ein Kloster zu machen – eine Sühnehandlung für den Mord an Adalbert von Ballenstedt? – Und hatte sich tiefer im Harz

---

[67] Die sechs Fastensonntage nach Karneval im Kirchenkalender: Invocavit / Reminicere / Oculi / Laetare / Judica / Palmarum.

[68] Vollmond 15.4., Ostern 18.4.1120 – lt. Mondkalender: www.ewigeweisheit.de/mondkalender-fuer-alle-jahre-und-orte-.

[69] Im Gegensatz zu den meisten Mediävisten sehen andere (Dr. F. Klocke, H. Lange, Prof. H. Dollinger) die alte Burg (als Wasserburg?) in der Ballenstedter Altstadt liegen. – Siehe auch Horst Lange u. Heinz Dollinger: „Anhaltischer Harz – Reflexionen zu einer Publikation“ in „Harz-Zeitschrift“ 54./55. Jg. Lucas Verlag (2004), S. 250 ff. und Horst Lange, Fußn. 83.

[70] Partenheimer, Albrecht der Bär, s. Fußn. 4, S.33 (gemeint ist Bischof Reinhard – siehe. v. Heinemann, s. Fußn. 12, *zitiert dort bei Fußn. 67 u. 70)*.

über dem Selketal eine neue Burg gebaut, den **neuen Falkenstein** – auf Königsgut, das sich der 1115 siegreiche sächsische Adel gegenüber dem in seiner Macht geschwächten Kaiser nun angeeignet hatte. Der **alte Falkenstein**, eine von König Heinrich IV. zur Sicherung der im Selketal verlaufenden wichtigen Heer- und Handelsstraße[71] von Seesen nach Eisleben, auch zum Schutz des damaligen Erzbergbaus im Unterharz erbaute Reichsburg, war nach 1115 von der Opposition zerstört worden.

Auch das Blutgeld, das die Konradsburger den Ballenstedtern zahlen mussten, sollte einem frommen Zweck dienen. Vielleicht berieten Otto und sein Sohn gerade darüber? Graf Esiko's Kollegiatstift aus dem Jahr 1043, in welchem bis dahin weltliche adlige Chorherren in frommer Gemeinschaft ohne Mönchsgelübde und klösterliche Bindung lebten, sollte in eine Benediktinerabtei umgewandelt werden. 1123 wurde sie geweiht (s. Partenheimer, Fußn. [4]). Nun durfte hier oben auf dem Berg neben der geistlichen keine weltliche Herrschaft mehr bestehen. Denn die strenge benediktinische Ordensregel „Gehorsam, Schweigen und Demut" und „ora et labora = bete und arbeite", die wieder Ernst machen wollte mit dem christlichen

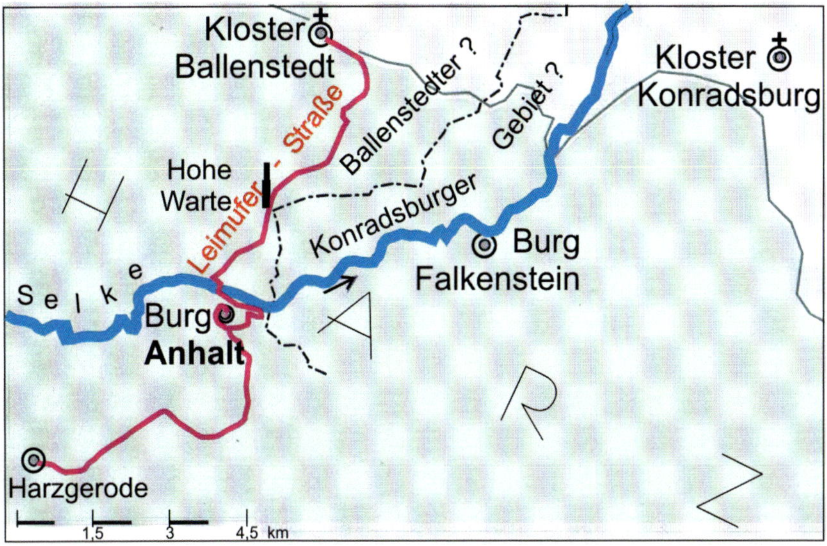


*9-1 Lageskizze Ballenstedt – Burg Anhalt. Entwurf: W. Babinecz*

[71] Winfried Korf: „Die Burg Anhalt im Unterharz", in Mitteilungen d. Landesgruppe Sachsen-Anhalt d. deutschen Burgenvereinigung, H.1, S. 15.

Glauben, verbot die Nachbarschaft von Klosterleben und lauter weltlicher Herrschaft. Das war ein guter Anlass oder Vorwand, eine neue Burg zu bauen, die die veränderten Machtverhältnisse – hier die askanischen – auf Kosten des Königsgutes sichern konnte. Drüben, jenseits des Selketals über der Selkemühle; ungefähr 1⅓ Meilen = 10 Kilometer entfernt von Ballenstedt; Vor- und Hauptburg oben auf dem Großen und dem Kleinen Hausberg. Strategisch günstig über der Heerstraße, dicht an der Grenze zu Konradsburger Gebiet. Schriftliche Nachrichten haben die Mittelalterforscher, die „Mediävisten", bisher nicht gefunden. Der Berg, auf dem die Hauptburg errichtet wurde, heißt bis heute der „Hausberg", *der Berg des Grafenhauses Ballenstedt*. Er war kahl und der hohe Rundturm[72] der Burg er-

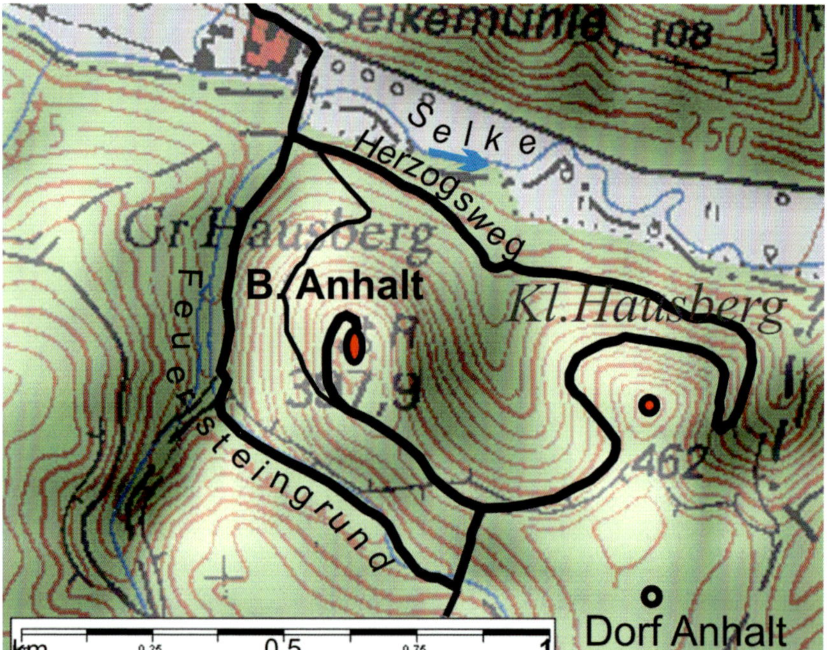


*9-2 Große u. kleine Burg Anhalt mit Zugangswegen. Entwurf: W. Babinecz*

---

[72] Es handelte sich dabei nicht um den späteren Bergfried, dessen Stumpf noch steht, sondern um einen Vorgänger. → Winfried Korf: „Bauwerke Albrechts des Bären im Umkreis des Harzes" in: Beiträge zur Regional- und Landeskultur Sachsen-Anhalt, H. 28 – Die frühen Askanier – Halle (2003).

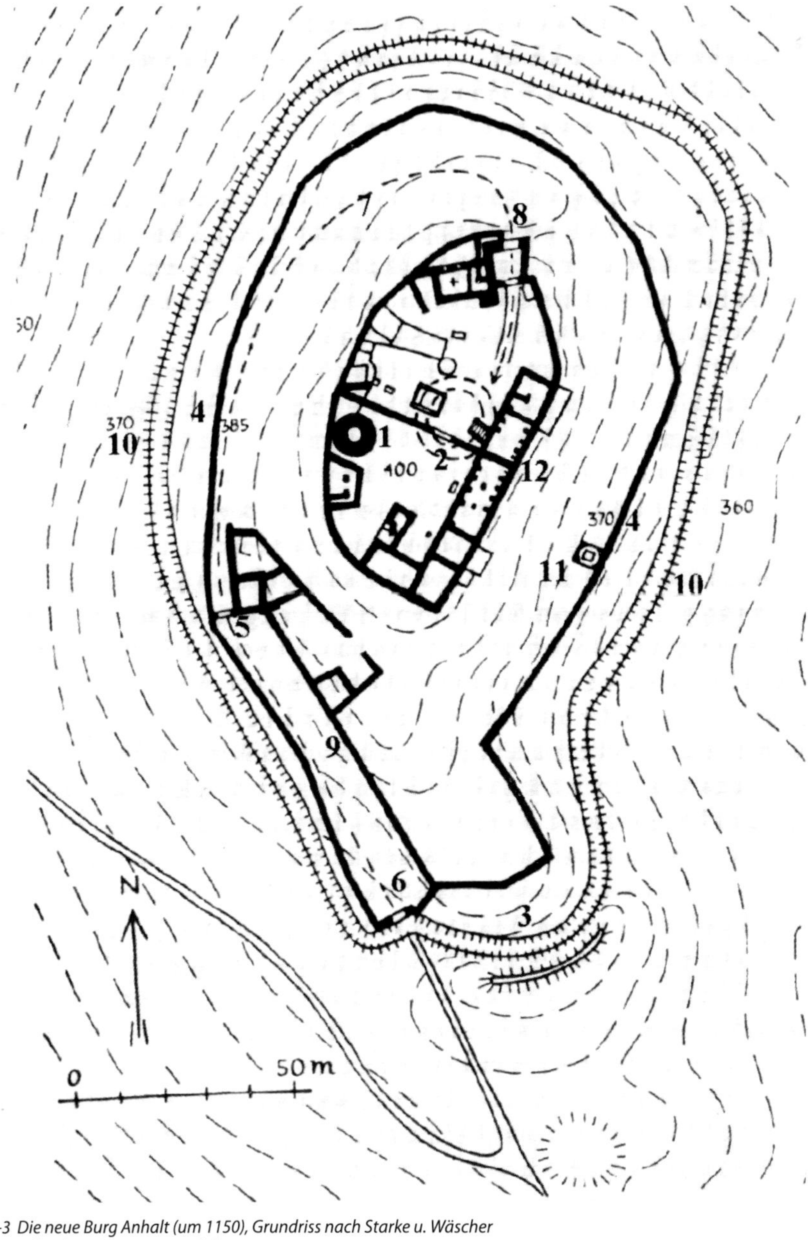


*9-3 Die neue Burg Anhalt (um 1150), Grundriss nach Starke u. Wäscher*
*1 Bergfried; 11 Brunnen; 12 Palas.*

laubte eine weite Sicht über das Selketal, über die jenseitigen Höhen mit der **Hohen Warte** und über das östliche und südliche Hinterland mit dem 1 km entfernten Dorf Anhalt[73]. Auch den neuen Falkenstein der befeindeten Konradsburger konnte man von hier aus beobachten. Von Ballenstedt kam man hierher – wie noch heute –auf der Leimuferstraße über die Hohe Warte ins Selketal und den „Herzogsweg" genannten Fahrweg oder durch den Feuersteingrund hinauf.

Auf genaue Jahreszahlen legen sich die Historiker sowohl für die Burg Anhalt als auch für den (neuen) Falkenstein dabei aus Mangel an Nachrichten nicht fest. Auch Zahlen und Einzelheiten über den Burgbau, die Anlage der Burgsiedlung, Materialbeschaffung usw. sind leider nicht überliefert.

Partenheimer (2021) nennt hierzu (S. 62) eine Einschätzung des Bauhistorikers Reinhard Schmitt, dass die ältesten Gebäude um 1100 entstanden seien. Sicher ist, dass diese Burg im Krieg mit Heinrich dem Löwen, Albrechts Neffen, schon vor 1140 wieder zerstört wurde.

Dass Albrecht der Bär sie zwischen 1142 und 1157 in prächtiger Form neu bauen ließ [74,75] dazu passt das geschätzte Alter der erhaltenen imposanten Turmruine des Bergfrieds (nach R. Schmitt zwischen 1150 und 1250, s. Partenheimer (2021), S. 64). Schriftliche Nachrichten über den neuen Burgbau gibt es nicht – wie so vieles aus jener Zeit ist unbelegt. Wenn es die Trümmer nicht gäbe ...! Ob Aufzeichnungen darüber vielleicht in uralten Archiven bis heute verborgen sind, ob solche bei den damals häufigen Fehden oder erst in späterer Zeit durch Plünderungen, Brände usw. vernichtet wurden, wer weiß das zu sagen! Auch über die Bauleute ist nichts bekannt. Brachten sie eine Technik des Ziegelmauerwerks mit, die sich erst etwa 70 Jahre später allgemein in Deutschland verbreitete?

**„Der Anhalt"** hieß die Burg bei den Zeitgenossen, und dabei ist es geblieben. Eine stolze Burg, eine Fürstenburg.

Sie gab dem Fürstenhaus, dem Herzogtum und schließlich **unserem Bundesland** seinen Namen.

---

[73] Die Hochflächen beiderseits des Tals waren damals und bis ins 14.Jh., dicht von Ackerbau u. Dörfern überzogen (s. Korf, Bauwerke Albrechts, Fußn. 72).

[74] Partenheimer, Albrecht der Bär, s. Fußn. 4.

[75] Korf, Bauwerke Albrechts, s. Fußn. 72.

*9-4 Die neue Burg Anhalt (um 1150). Ansicht von Südost (Ballenstedter Modell von G. Beinert) Fotomontage: W.Babinecz*

Manche deuten das Wort als *„an holt"* „ohne Holz", also ganz aus Stein, manche als *„anahald"* „am festen (geschützten?) Ort"[76]. Und auf den, der sich der Burg auf dem kahlen Berg vom Dorfe her näherte, muss sie einen gewaltigen, herrschaftlichen stolzen Eindruck gemacht haben, So wie hier auf der Fotomontage (Abb. 9-4).

Der Schöpfer der Miniaturburg zwischen Großem Gasthof und Marstall[77] in Ballenstedt hat sich einigermaßen an die bei den Ausgrabungen von im Zeitraum von 1901 bis 1907 in der Ruine der Burg festgestellten Grundrisse und die geborgenen Baureste gehalten.[78] Der Dessauer Regierungsbaumeister Gustav Ulrich nennt in der Illustrierten Wochenschrift für Gesellschaft, Theater und Kunst „Salonblatt" Jg. 6, Nr. 33, Dresden (1911), S. 946 die Jahre 1902 und 1905. (Freundliche Mitteilung von Herrn Helmut Erfurth, Dessau.)

---

[76] M. Springer zieht beide Deutungen in Zweifel – s. „Die Kraft der Namen" in Beiträge zur Regional- u. Landeskunde Sachsen-Anhalt,. H.28, Halle (2003), S. 15.

[77] Günther Beinert in Gerbstedt, auf Anregung des früheren Bürgermeisters Wolfgang Gurke und gegen den Protest der Denkmalschützer; – siehe auch Rekonstruktionszeichnungen bei W. Korf, Bauwerke Albrechts, s. Fußn. 72 und Hartmut Braun: www.burgrekonstruktion.de .

[78] Ausgrabung und Vermessung durch die Geheimen Bauräte Starke (Ballenstedt) u. Brinckmann (Braunschweig) im Auftr. d. Herzogs Friedrich I. von Anhalt 1901 - 1907 – Mitteilung bei: J. Brademann, Die Wurzeln … Fußn. 82, S.127.

*9-5 Ausgegrabener Palas-Keller der Burg Anhalt 1901–1907 und Fundstücke – Sogar die Löcher der einstigen Deckenbalken sind sichtbar. Foto: Sammlung H. Erfurth*

Der Grundriss der Burg (Abb. 9-3) zeigt nach Korf[79] große Übereinstimmung mit dem der gleich alten, allerdings noch größeren Bernburger Burg.

Wo Mangel an gesicherten Nachrichten herrscht, wandern die Gerüchte von Mund zu Mund und verdichten sich zu Sagen. Eine ist, dass schon Esiko dort eine Burg hat bauen lassen.[80] Ja, es ist sogar von einer Urkunde die Rede, dass bereits in fränkischer Zeit bei einem Eroberungszug Pipins, des Vaters Karls des Großen gegen die Thüringer, um 747 dort eine Burg errichtet worden sei.[81] Das wäre jene Zeit vor damals fast 400 Jahren, als die Franken das Thüringer Reich zerstörten und anstelle der von hier vertriebenen Thüringer oder zwischen ihnen Nordschwaben und Sachsen in unserer Gegend ansiedelten. (Tatsächlich sind auf dem Hausberg Scherben aus der Karolingerzeit gefunden worden.[82]) Ausführlich erörtert Horst Lange die Frage nach der Erbauungszeit.[83]

Rätsel geben die zum Burgbau verwendeten Ziegelsteine auf, aus Lehm gebrannte Steine von ungewöhnlichem Format (mittelalterliches „Klosterformat"): nur der Bergfried ist aus sorgfältig von Steinmetzen behauenem Sandstein, vermutlich aus den Brüchen bei Rieder[84]; aber die meisten anderen Gebäude wurden, wie die Ruinenreste vor Ort zeigen, aus gebrannten und sogar glasierten Steinen kunstvoll gemauert. Eine Neuheit in damaliger Zeit!

*9-6 Ziegelstein-Bruchstücke mit Trittspuren vermutlich eines Rehs (links) und vielleicht eines Fuchses? (rechts)*
*Quelle: Wilhelm-von-Kügelgen-Museum Ballenstedt m. frdl. Genehmigung der Stadt Ballenstedt*
*Fotos: W. Babinecz, E. Nier, U. Pels*

[79] Korf, Bauwerke Albrechts, Fußn. 72.

[80] Wilhelm Wäschke: Anhaltische Geschichte, s. Fußn. 30; v. Heinemann, s. Fußn.12.

[81] Georg Langlotz: „Zwischen Selke und Wipper", Band 1, 2.Aufl., ISBN 3-00-017838.4 , S.104, ohne Quellenangabe.

[82] J. Brademann nennt (in: Beiträge z. Regional- u. Landeskultur Sachsen-Anhalt, H 28 „Die Frühen Askanier" Halle (2003) in seinem Aufsatz „Die Wurzeln liegen im Selketal. Die Burg Anhalt bei Ballenstedt" S. 125, dort Fußnote 29,) eine Veröffentl. T. Starke's in „Der Burgwart" XVI. Jg.(1915) Nr.2, S.34 über dessen Funde.

[83] H. Lange: „Die Burg Anhalt", Zschr. „Unser Harz", Nr.1 (2014), Clausthal-Zellerfeld.

[84] Korf, Bauwerke Albrechts, s. Fußn. 72.

Hatte Albrecht diese vor 900 Jahren hier noch nicht übliche Bauweise übernommen, die um 1150 herum im Jerichower Gebiet seiner späteren Markgrafschaft Brandenburg entstand (die ***„Backsteinromanik“***)? – Waren es Bauleute aus der Lombardei oder flandrische Neubürger, die Albrecht der Bär hierher verpflichtet hatte und diese neue Bauweise mitbrachten?

Zum Trocknen lagen die geformten Rohlinge vielleicht auf dem Wiesengelände neben der heutigen Selkemühle. Manche zeigen sogar Trittspuren von Tieren[85] (s. Abb. 9-6). Gebrannt wurden sie wohl am Fuße des Hausberges, auf der Selketerrasse, dort, wo sich die Wege von der Selkemühlen-Brücke her nach links, nach oben und nach rechts gabeln. Den Lehm haben die Leute vielleicht daneben (nach Meinung Volker Hanebutt's, Ballenstedt[86]) oder unten aus dem Hang der Leimuferstraße abgestochen (aus dem „Lehm-Ufer“).

Die **wiedererbaute** Burg Anhalt und besonders ihr Palas hatten mit ihren ziegelroten Mauern im Kontrast zu den fein gearbeiteten Steinmetzarbeiten der Fensterarkaden und Gebäude-Ecken aus Sandstein nach der einhelligen Meinung der Forscher einen wahrhaft königlichen Eindruck erweckt. In Größe und Mauerschmuck war sie der Wartburg bei Eisenach vergleichbar.

Bis 1315 war sie die Hauptburg des anhaltischen Geschlechts. Durch die Verlagerung der herrschaftlichen und wirtschaftlichen Interessen in die Flachland-Gebiete Anhalts und Brandenburgs, durch Erbfall an das Halberstädter Bistum (Albrecht I. v. Anhalt), dann die Pest und die Klimaverschlechterung[87] geriet der Anhalt im 14. Jahrhundert in eine Abseitslage, kam in fremde Hände und verfiel schließlich. Auch das Dorf Anhalt wurde wüst. Die Kirchenglocken des Dorfes holte man 1440 nach Harzgerode.

1822 ließ Herzog Alexius von Anhalt-Bernburg die Ruinenstätte aufräumen, den Brunnen leeren, mit einer Eisenplatte bedecken und darüber ein Brunnenhäuschen im englischen Tudor-Stil setzen (freundl. Mitteilung Helmut Erfurth, Dessau). Es hat die kurze Zeit vorübergehenden Interesses nicht lange überdauert. Später veranlasste Herzog Friedrich I. von Anhalt auf Anregung seines Sohnes, des

---

[85] Korf, Bauwerke Albrechts, s. Fußn. 72 und frdl. Mitteilg. E. Nier: Backsteine mit Tierspuren befinden sich im Bestand des Ballenstedter Museums.

[86] Mdl. Mitteilung.

[87] „Kleine Eiszeit“ 15. bis 19. Jh., etwa ab 1400 (wikipedia, 7.11.2021).

*9-7 Burg Anhalt - Rest des Bergfrieds von 1150. Foto: W. Babinecz*

kunstsinnigen **Prinzen Aribert**, (des Onkels und Vormunds des letzten anhaltischen Herzogs Joachim-Ernst[88]), die schon erwähnten umfangreichen Ausgrabungen im Zeitraum von 1901 bis 1907 und Vermessungen, denen wir die ziemlich genaue Kenntnis der einstigen großen und bedeutenden Anlage verdanken. (Der Brunnen wurde damals zur Unfallverhütung wieder verfüllt.)

Es bestanden sogar Pläne der Rekonstruktion der Burg.[89]

(Eine Büste des Prinzregenten Aribert befindet sich im Römerzimmer der Ballenstedter Ausstellung „Höfisches Wohnen“ im Schloss.) –.

Dann wieder hundert Jahre Vergessen .... Nicht ganz! Im Gastgarten der Selkemühle stand lange, bis etwa 2013, zur Freude der Kinder ein Burg-Modell aus Zinkblech.[90] – *Bei einer Schulwanderung 1948 zur Burgruine mit dem Ballenstedter Klassenlehrer Rektor Weise – nur meterhohe Brennesseln und dazwischen ein paar*

---

[88] Hzg. Friedrich I. v. Anhalt war der Großvater des letzten Herzogs Joachim-Ernst und Urgroßvater S. H., des lebenden Prinzen Eduard v. Anhalt.

[89] Jan Brademann: in seinem Aufsatz „Die Wurzeln …“, s. Fußn. 82, S. 134 und 140 (dort Fußnote 93).

[90] der Ballenstedter Klempnerwerkstatt Gustav John. Es befindet sich jetzt im Ballenstedter Museum.

*9-8 Burg Anhalt um 1150 Eingang vom Burghof in den Palas-Keller*
*Foto: W. Babinecz*

*Mauerreste... Später, 1998, war die Fläche oben frei, sie überrascht durch ihre Größe und die vielen Mauer-Relikte!*

Seit **„Anhalt 800“** im Jahr 2012 ist das Ruinengelände übersichtlich mit Infotafeln ausgestaltet und gewartet; in den alten Mauern erkennt man die Konturen des Palas-Kellers. *In einem fast 900 Jahre erhaltenen Gewölberest mit Treppenstufen, durch welches man vom inneren Burghof in den Keller des Palas gelangte* (s. Abb. 9-8), *kann der Besucher heute noch Schutz finden vor einem überraschenden Gewitter auf dem Berg – immer noch (Wolfram Babinecz, Lothar Schwedt 1998), wie einstmals schon. –*

Vielerlei kleinere Baureste der Burg Anhalt wurden bei den genannten Ausgrabungen geborgen[91] und manche sind im Ballenstedter Museum „Wilhelm von Kü-

[91] Betrifft Ausgrabungen, s. Fußn. 77, 78, 82.

*9-9 Zwillingsarkaden aus der Burg Anhalt in der Grablege Albrechts des Bären auf dem Schloss Ballenstedt*
*Quelle: K.-H. Meyer*

gelgen" zu besichtigen. Zwei schöne Zwillingsarkaden – ehemalige **originale Fenster vom Palas der Burg** – wurden 1938 von dem Architekten Schulze-Naumburg in die Westmauer der Nikolaikapelle der Schlosskirche, der Grablege Albrechts des Bären, eingesetzt.[92]

Die Grabstätte wurde inzwischen etwas umgestaltet und der instrumentalisierende Geist der Hitlerzeit vertrieben.

Die Bronzetafel Schulze-Naumburgs wurde umgesetzt und die Ausgestaltung der Nikolaikapelle einem neuen digital-abstrakten Mitteilungsbedürfnis – *„Albrecht der Bär hat „Spuren hinterlassen"* angepasst.

[92] Korf, Bauwerke Albrechts, Fußn. 72.

*9-10 Umgestaltetes Albrecht-Grab.*
*Seit 2020 schwebt Albrecht nun auch als vergoldeter Fingerabdruck metaphysisch im Raum. Foto: Jürgen Meusel*

*Die Künstlerin Margit Jäschke schuf 2020 die neue Grabplatte zu Albrecht dem Bären.*
*Der auf der Bronzeplatte schwebende feinvergoldete Fingerabdruck steht metaphorisch für die Person Albrechts des Bären, der Spuren hiunterlassden hat.*

# Kapitel 10 Hohe Geburt und hohe Ämter –Markgraf der Lausitz und Markgraf der Nordmark

Die Burg über dem Selketal war um 1100, als Albrecht der Bär geboren wurde, vermutlich noch nicht gebaut – es tobte ja noch der Krieg zwischen der Sachsen-Opposition und dem Kaiser Heinrich IV. **Noch nichts war zu ahnen von den entscheidenden Impulsen für die Entwicklung Deutschlands, die Albrecht von Ballenstedt mehrmals im Laufe seines Lebens auslösen wird.** Mit dem Beinamen „der Bär" hat ihn erst später ein Zeitgenosse, der Mönch und Chronist Helmond von Bosau , bedacht.[93]

Die Geburtsurkunde wird dem kleinen Albrecht der Schreiber seines Vaters, des Grafen Otto des Reichen, in die Familienchronik eingetragen haben, falls es eine gab. Zusammen mit den Taufpaten des neuen Erdenbürgers. War sein Großvater Magnus Billung, der Herzog von Sachsen, der damals noch lebte, dabei? Und sein Onkel Siegfried, der Pfalzgraf bei Rhein, mit seiner Frau Gertrud und seinen beiden Söhnen? (Gertrud war die Schwester der sächsischen Herzogin Richenza, der Gattin Lothars von Süpplinburg, des späteren Kaisers.) Und Wulfhild, die Schwester seiner Mutter Eilika, mit ihrem Gemahl, Heinrich dem Schwarzen, dem Bayernherzog? –

**Sicherlich war die Taufe in der Kirche Sankt Pankratius und Abundius des Chorherrenstifts neben der Burg oben auf dem Berg eine große Feier.** –

Wie wird der kleine Albrecht aufgewachsen sein inmitten der adligen Herrschaft, umgeben von dem zahlreichen Hofgesinde, den Rittern des Vaters und den Chorherren des Stifts?

Die Neugier wird ihn, als er erst richtig laufen und klettern konnte, überall hin getrieben haben: in die Burgküche, in den nahen Wirtschaftshof mit all den Handwerken, die eine mittelalterliche Burg benötigte, in die „Marställe" (die Pferdeställe) vor allem und die Schmiede, wo man zusehen konnte, wie man den Pferden die Hufeisen anpasste, die hölzernen Wagenräder bereifte, wo die Waffen

---

[93] v. Heinemann, Albrecht der Bär, s. Fußn. 12, *dort Fußnote 5 des 2. Abschn. (S. 317 zu Text Seite 49).* – Helmond von Bosau (1120 – 1177) ist der Verfasser der Cronica Slavorum – dort Kap.89: „De Alberto Urso".
Helmold von Bosau: Chronica Slavorum – Übertragung ins Deutsche von H. Stoob, Wissenschaftliche Buchgesellschaft Darmstadt (1963).

*10-1 Leben auf einem mittelalterlichen Burghof*
*Quelle: Bimberg / Binder::Burgen stolz und kühn. Altberliner Verlag 1988. – (Ausschnitt)*

– Schwerter, Pfeilspitzen und Rüstungen – hergestellt wurden ... Oder war das alles unten im Dorf, wo der Name „Burgstraße“ immer wieder diese Frage anstößt.[94] – (Vielleicht lag da im Dorf ja eine Ritterburg der Vasallen des Grafen?) – Hat sich das Burgleben nur ganz oben auf dem kleinen Schlossareal abgespielt, oder dehnte sich die ganze Anlage viel weiter aus – über den Domänenbereich (heute Linde AG) hinaus bis zum Brauberg und bis in den unteren Bereich des

[94] Horst Lange: „Burgen im anhaltischen Harz“ in Harz-Forschungen 12 – Harzverein f. Geschichte u. Altertumskunde. Bln. (2000), S. 69 – 86.

späteren Schlossparks? Als Grafenburg eines bedeutenden Geschlechts mit einer ansehnlichen Ritterschar wird sie doch eine recht umfangreiche Anlage gewesen sein?! – Bald machte sich der gräfliche Knabe mit seiner nächsten Heimat, der Landschaft, dem Harzwald und der Feldflur rings um die Burg vertraut. Erst spielerisch mit den Kindern der Ritter; aber bald, vielleicht schon mit vier oder fünf Jahren, begann für ihn ein hartes Übungsprogramm, Reiten, Schwimmen, Umgang mit Tieren, Kampfspiele mit Speer und Lanze, Holzschwert, Pfeil und Bogen; Mutproben und Tapferkeitsübungen; Ausbildung in der Kunst der Jagd und der Waldhege.

Mutter und Vater unterwiesen ihn im Gebet und in christlicher Demut und lehrten ihn die ritterlichen Tugenden: Treue und Respekt zum Dienstherrn, Schutz den Schwachen, den Klöstern, den Mönchen und Nonnen, Kampf den Ungläubigen und Ketzern.

Lesen und Schreiben lernte er bei den Chorherren.

Obwohl Albrecht kein Ritter werden sollte, so musste er doch mindestens genau so fähig sein zum Kampf wie sie! Und besonders auch in den gräflichen Verwaltungs- und Rechtsangelegenheiten musste er – sicherlich von seinem Vater – ausgebildet werden. Ein volles Tagesprogramm hatte er schon in der Kindheit auf der Burg zu erfüllen.

In der Heimatlandschaft im Harzvorland zu seinen Füßen begegnete man damals einer viel größeren Zahl von Dörfern als heutzutage. Die Karte der Abb. 10-2 zeigt einige von ihnen.[95]

Sozusagen auf Sichtweite, nur zwei bis fünf Kilometer voneinander entfernt, zeigten sich Albrecht diese Dörfer auf seinen Ritten durch die Feldflur, bei den Inspektionen in seinem Amtsbereich, auf dem Weg nach „Quitilingaburg“ oder zum Bischof nach Halberstadt.

[95] Die Eintragungen für das Harzvorland berücksichtigen nur die Wüstungen, die um 1900 in der Karte dargestellt waren. Inzwischen hat sich die Zahl der Bodenfunde erheblich vergrößert. Den Autoren lag aber nicht daran, hier den aktuellen Stand der Forschung wiederzugeben, sondern, einen kleinen Eindruck davon zu vermitteln, wie die Dorflandschaft zu Albrechts Zeit beschaffen war, wobei unterstellt wird, dass die Wüstungen neben den heutigen Dörfern damals alle bewohnt waren und erst später, in den Pestjahren, im Dreißigjährigen Krieg und anderen Notzeiten, verlassen wurden.
Eine Liste bei Müller, Börner und Schröter („Geschichte des Kreises Ballenstedt“, (2006)) zählt allein für den Altkreis Ballenstedt im Vorland 12 und auf der Unterharz-Hochfläche beiderseits der Selke von Güntersberge (Selkenfelde) bis zu Burg Anhalt 26 Wüstungen auf.

*10-2 Heimatregion Albrechts des Bären. Entwurf: W. Babinecz. Quellen: s. Abbildungsverzeichnis*

So wie heute liegen diese Städte, vom Burgberg aus sichtbar, in der Landschaft. Dazwischen die vielen kleinen Dörfer.

Später, als Albrecht schon das Schwert führen durfte, wird er den Vater zu den Gerichtstagen und allen auswärtigen Geschäften, auch zu den Klöstern, deren Vogt der Vater war, nach Ilsenburg, Gernrode, Haganroth (bei der „Klostermühle“ in Alexisbad), Ballenstedt, Frose, Nienburg an der Saale u. a. begleitet haben.

In die weit verzweigten verwandtschaftlichen und politischen Beziehungen musste er eingeweiht und mit ihnen vertraut, vielleicht schon früh dem Herzog oder dem Kaiser vorgestellt werden. Als Fünfzehnjährigen können wir ihn wahrscheinlich schon auf dem Kriegszug in Begleitung seines Vaters gegen die in den Gau Serimunt eingefallenen und Köthen plündernden Wenden 1115 vermuten. Und sicherlich tummelte er sich auch beim Bau der Burg auf dem Hausberg über dem Selketal. Die ganze heimatliche, damals sehr belebte Landschaft mit intensivem Ackerbau und Waldweide, mit Erzgewinnung bei Gernrode und Harzgerode sowie im Selketal war also dem jungen Grafen schon sehr vertraut; auch Frose, die Gersdorfer Burg und Quedlinburg, die Askanierburg der Ballenstedter Grafen in Aschersleben[96], die Burg Bernburg seiner Mutter. Und all die Dörfer in der fruchtbaren Vorharz-Landschaft, viel zahlreicher, als heute. Aber auch viele Dörfer tiefer im Harz (meist verschwunden) auf den Höhen und zwischen den Tälern von Selke, Leine, Eine und Wipper.

Albrecht der Bär hatte nach seiner Mündigkeit schon zu Lebzeiten des Vaters gräfliche Aufgaben übernommen. Für 1120 ist, wie schon erwähnt, ein Besuch beim Halberstädter Bischof bekannt.[97]

In mehrfacher Hinsicht einschneidend ist für Albrecht das Jahr 1123:
- der Umzug ins Selketal nach der Umwidmung des Chorherrenstifts in das Benediktinerkloster,
- der Tod des Vaters,
- die Übernahme der Regierung der Ballenstedter und der Aschersblebener Grafschaft,
- **und um diese Zeit heiratet er auch**.

Die Mutter Eilika zog sich nach Ottos Tod auf ihre Burgen Bernburg über der Saale und Halle zurück, wahrscheinlich allodiales Erbe ihres Vaters, des 1106 verstorbenen Sachsenherzogs Magnus Billung.

War Sophia von Winzenburg, Albrechts fünf Jahre jüngere Frau, seine Jugendliebe? Hatte ihr Vater Graf Hermann I. von Winzenburg, ein früherer Anhänger König Heinrichs IV., auf dem Alten Falkenstein gesessen, einer Königsburg über

[96] Winfried Korf: „Burgen Albrechts des Bären im Umkr. d. Harzes" in. Beiträge z. Regional- u. Landeskultur Sachsen-Anhalts, H. 28, Halle (2003).

[97] Lutz Partenheimer: „Die Entstehung der Mark Brandenburg" Böhlau-Verlag Köln Weimar Wien (2007).

dem Selketal, die nach der Schlacht am Welfesholz von der Sachsenopposition zerstört worden war?[98] – Wie dem auch sei, die Heirat Albrechts mit dem Burgfräulein, womöglich aus seiner engsten Heimat, passt zwar nicht so ganz in die illustre hochadlige Verwandtschaft, aber es war wohl eine Liebesehe. Dazu passt, dass Albrecht später einen Brakteaten[99] prägen ließ, der neben ihm auch seine Gemahlin abbildet.

Um 1125/26 wird ihr erster Sohn Otto II. geboren, der erste von sechs weiteren Söhnen und vier Töchtern. Und zu den Taufgeschenken des kleinen Otto gehört nichts Geringeres als eine ganze Landschaft: die Zauche, das fruchtbare Gebiet im südlichen Wendenland zwischen der Havel und dem Fläming. Der Schenker ist der Christ gewordene Hevellerfürst Pribislaw-Heinrich.

*10-3 Brakteat Albrechts des Bären mit Albrecht u. Sophia, geprägt in seiner Köthener od. Ballenstedter Münze Quelle: Kunstmuseum Moritzburg Halle CC BY-NC-SA*

– Im gleichen Jahr 1123 belehnte der Herzog von Sachsen, Lothar von Süpplinburg *(der Anführer der sächsischen Adelsopposition und Sieger der Schlacht am Welfesholz von 1115 und spätere deutsche König (1125) und Kaiser (1134))* den jungen Grafen Albrecht mit der Verwaltung der Mark Lausitz.

Als **Markgraf der Lausitz** gewann Albrecht der Bär, nun ein Fürst im obersten Adelsstand, mit unmittelbar königlichen Macht- und Kampfbefugnissen bei der Grenzverteidigung – neben herzogsgleichem Ansehen großen Einfluss auf die spätere Politik und Entwicklung in unserer Region, in der das askanische Adelsgeschlecht bereits umfangreichen Allodialbesitz hatte – nicht nur zwischen Saale und Elbe, sondern darüber hinaus auch im Zerbster Raum und auch schon in der Lausitz[100], sowie in der Altmark (einem Teil des links der Elbe liegenden, vom

[98] Partenheimer: „Albrecht der Bär, Fußn. 4, S. 55

[99] Mittelalterliche Münzen aus einseitig geprägtem Silberblech.

[100] Einen Hinweis darauf gibt die Erlaubnis, für das Kloster Nienburg, Holz in der Lausitz zu schlagen, bei Partenheimer, Albrecht der Bär, s. Fußn. 4.

Markgrafen der Nordmark, Heinrich von Stade, Albrechts Schwager, verwalteten Gebietes). Auch in der Grafschaft Weimar-Orlamünde hatte die Familie von Albrechts Großmutter Adelheid her großen Besitz.

Als Erblehen seines Vaters hatte Albrecht die Verwaltung der Grafschaften Ballenstedt und Aschersleben[101] übernommen. Er verfügte hier über das Münzrecht, und an der Tingstätte (wohl unter der Ascherslebener Askanier-Burg am Tie?) hielt er mehrmals im Jahr die üblichen Gerichtstage ab.[102]

Das Lausitzer Markgrafenamt musste zunächst gegen rivalisierende Ansprüche des Eilenburger Grafen und vor allem gegen den Kaiser Heinrich V. verteidigt werden. So musste der junge Graf wahrscheinlich schon bald treue, in seinem Namen handelnde Dienstmannen in der Heimatregion einsetzen.

*10-4 Reste des Wohnturms der um 1140 zerstörten alten Ascherslebener Burg im heutigen Zoogelände. Zeitweiliger Amtssitz Albrechts des Bären als Graf von Aschersleben u. Ballenstedt. Foto: W. Babinecz*

[101] Dieses als eins der sieben Fahnlehen Sachsens rechtlich besonders privilegiert – siehe Korf, Burgen Albrechts, Fußn. 96, S.230; Partenheimer, „Die Bedeutung der Burgen Ballenstedt, Askania (Aschersleben) und Anhalt …" bei Freund u. Köster (Hrsg.): „Albrecht der Bär, Ballenstedt und die Anfänge Anhalts" (2020), S. 46.

[102] Gerichtstag, zu dem die Ritter, Vasallen und Freien der Grafschaften geladen waren – vielleicht am Tie (= Thing) in der Nähe der heutigen Ascherslebener Polizeiwache? Korf, Burgen Albrechts, s. Fußn. 96.

Mit dem Tod Heinrichs V. 1125 entfiel der Konflikt mit dem Kaiser.

Von seinen Zeitgenossen wird er beschrieben als *„ein ritterlicher Jüngling mit herrlichen Gaben"* und auch, er sei *„ein kluger Mann, aller Ehr und Zucht ein Spiegel* (Vorbild)".[103] *"Unternehmend und ehrgeizig"* nennt ihn Otto v. Heinemann[104] und *"Beweglichkeit und Rührigkeit seiner Natur, die stets bereite Energie des Handelns, welche ihn vor vielen seiner Zeitgenossen auszeichnete"*, befindet derselbe dort. Aus den überlieferten Urteilen erscheint er – im Rahmen der Feudalordnung – als ein rechtlicher Mann, der zwar in der Zeit des Faustrechts[105], in die er hineingeboren wurde, auch seine Waffen zu gebrauchen wusste; aber ein Schlagetot war er nicht, im Gegensatz zu manchen anderen und entgegen einseitigen Verallgemeinerungen späterer Zeit.

Besonders das im Kapitel 1 genannte wissenschaftliche Kolloquium vom 26. und 27. September 2019 auf Schloss Ballenstedt hat die verzerrten Geschichtsauffassungen des 19. und 20. Jahrhunderts über Albrecht den Bären zu korrigieren versucht und aufgehoben.

10-5 *„Albrecht der Schöne" Gedenkmünze zur Erinnerung an den Anschluss der Nordmark an die Mark Brandenburg 1157 von F. König (Regierungszeit Friedr. Wilh. III. v. Preußen) Quelle: Sammlung K.-H. Meyer*

Durch Attribute wie„List und blutige Gewalt" ist die Persönlichkeit Albrechts des Bären nicht zu fassen, wie es vor 25 Jahren ein Journalist des Kronberger Boten durch seine fette Artikel-Überschrift suggerierte – und die dem Besucher **der nach dem Kolloquium vom September 2019 neu konzipierten** Albrecht-Ausstellung in der Nikolaikapelle des Ballenstedter Schlosses an ziemlich zentraler Stelle erneut irreführend in den Blick fallen muss.

Nicht nur Albrechts Charakter wurde von seinen Zeitgenossen gerühmt, er soll auch eine schöne Erscheinung gewesen sein. Dies drückt eine Gedenkmünze aus, die der preußische König Friedrich Wilhelm III. (1797–1845) prägen ließ.

[103] Wilhelm Wäschke, Anhaltische Geschichte, Bd.1, Verlag O. Schulze Köthen (1912), S. 100.

[104] v. Heinemann, Albrecht der Bär, s. Fußn. 12 , S. 56 u. 49.

[105] Ein staatliches Gewaltmonopol, wie heute, gab es damals noch nicht. Man musste sein Recht selbst erkämpfen!

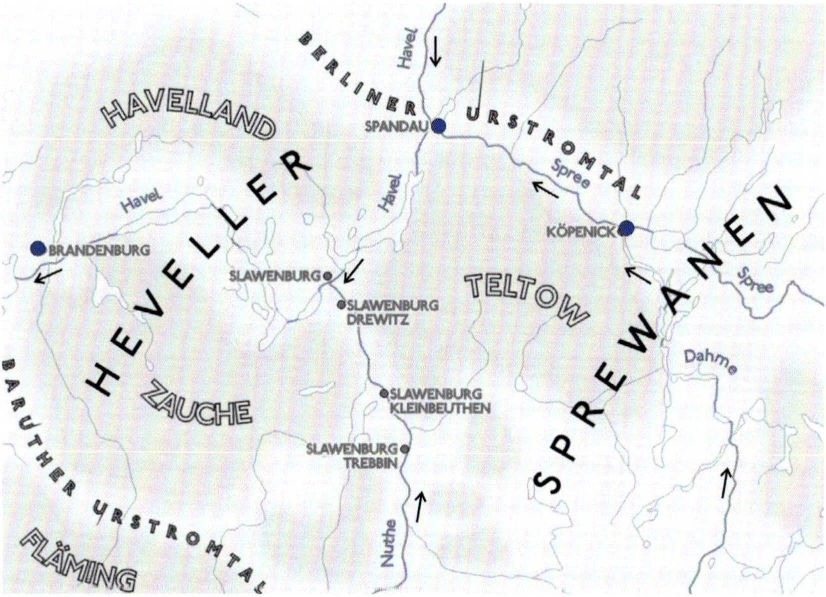


*10-6 Zauche, Havelland und Teltower Platte – die Urzellen der Mark und des späteren Bundeslandes Brandenburg Quelle: CC german wikipedia Urheber: Sansculotte n. Vorlage Lienhard Schulz*

Seit den Regierungszeiten der Kaiser Otto I. (des Großen, reg. 936–973) und Otto II. (973–983) reichte das (heiligrömische) ostfränkisch-deutsche Reich mit seinen östlichen und nördlichen Grenzmarken[106] zwar bis zur Oder und zur Ostsee; die Versuche, die in den dünn besiedelten Marken zwischen Saale, Elbe, Ostsee und Oder lebenden heidnischen Wendenvölker zum Christentum zu bekehren, waren aber 200 Jahre lang fast ganz ohne Erfolg gewesen. So waren die Lausitzer und auch die Nord-Mark östlich der Elbe noch oder wieder weitgehend heidnisch, die schon früh gegründeten Bistümer Brandenburg und Havelberg gab es nur noch dem Namen nach, und der Grenzraum zwischen Christen und Heiden war von ständigen gegenseitigen Streitigkeiten beunruhigt.

Hier knüpfte die Politik der Askanier schon seit Otto dem Reichen an. In dem zum Christentum übergetretenen Hevellerfürsten Pribislaw-Heinrich in Brandenburg

[106] Die Ostmark, spätere Lausitz; Die Nordmark vom Hzgt. Sachsen über die Elbe bis zur Uckermark; Die Billunger Mark entlang der Ostseeküste bis zur Odermündung, s. Abb. 6-1

hatte Albrecht der Bär einen Verbündeten, der sich von Albrecht auch Hilfe bei den innerwendischen Kämpfen zwischen Hevellern und Sprewanen versprach. Sowohl die Lausitzer als auch die Nord-Mark grenzten an das Havelland, weswegen Albrecht der Bär nach der Herrschaft in diesen beiden Marken strebte. Mit dem Tod seines Schwagers, des Nordmark-Grafen Heinrich von Stade rückte dieses Ziel näher, aber erst 1134 konnte es Albrecht erreichen.

# Kapitel 11 Nicht Sachsenherzog – aber Herrscher über eine neue Mark des Reiches: Brandenburg

Albrecht der Bär war seit 1134 Markgraf der Nordmark, des östlichen Teils des Herzogtums Sachsen Dieses reichte damals real von Westfalen (vom Niederrhein) bis zur Elbe. Die nördliche Mark erstreckte sich aber schon seit Otto dem Großen formal bis an die Oder als Reichsgrenze, nur dass seit dem großen Wendenaufstand von 983 in den Havel- und Spreeländern die Reichsgewalt nicht mehr ausgeübt wurde und dort wieder die Slawen mit ihren alten Göttern herrschten.

Albrechts Vater Otto der Reiche, Graf von Ballenstedt, hatte bereits eine Interessenpolitik verfolgt, die vom Köthener und Zerbster Gebiet aus eine Erweiterung seiner Herrschaft ins Havelland hinein zum Ziel hatte. Er hatte bereits diplomatische Fühlung mit den dortigen Hevellern. Mit dem zum Christentum übergetretenen Hevellerfürsten Pribislaw-Heinrich setzte Albrecht der Bär diese Politik fort. Pribislaw schenkte Albrechts Sohn Otto II. zur Taufe die Zauche (das Land zwischen Fläming und Havel) und erklärte Albrecht den Bären testamentarisch zum Erben des Heveller-Landes.

Die Herrschaft in der Nordmark war daher bedeutsam für Albrechts Pläne der Erweiterung seines Machtbereichs.[107]

Als Billunger-Erbe war Albrecht aber schon aus Standesgründen auch sehr an der Herrschaft im **ganzen** Herzogtum Sachsen interessiert – war doch sein Großvater Magnus einst (bis 1106) der mächtige Sachsenherzog gewesen, und Albrechts Vater Otto I. hatte auch schon für kurze Zeit das Herzogsamt in Sachsen bekleidet.

Eine Chance bot sich Albrecht dem Bären, als der Kaiser Lothar 1137 starb und das Herzogtum neu zu belehnen war. Aber der Kaiser hatte es noch auf dem Sterbebett seinem Schwiegersohn, dem Welfen Heinrich dem Stolzen, Herzog von Bayern, zugesprochen. Auch die Reichsinsignien[108] waren diesem, als neuem Königskandidaten, schon ausgehändigt worden.

Eine Machtkonzentration in der Hand des Welfenherzogs, die nun neben Oberitalien und dem Herzogtum Bayern auch noch das wichtige Herzogtum Sachsen bis an die Nord- und Ostsee umfassen würde, war den meisten Fürsten im Reich

[107] Partenheimer, Albrecht der Bär, s. Fußn 4.

[108] Die wichtigsten waren Reichskrone, Heilige Lanze, Reichsschwert und Reichskreuz (s. wikipedia. „Reichsinsignien“, 15.3.2021).

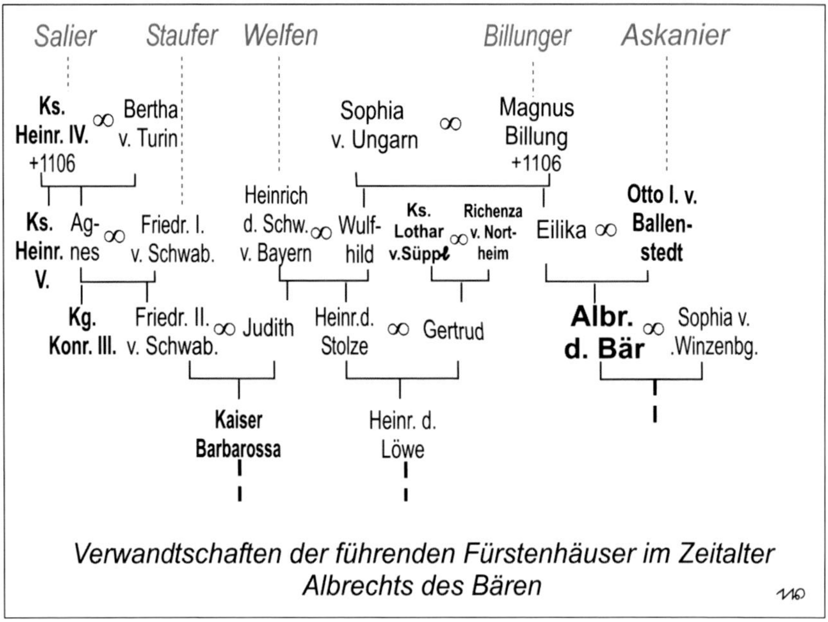


*11-1 Verwandtschaftsbeziehungen Albrechts des Bären zu den Welfen-Herzögen und zu Kaiser Barbarossa*
*Arrangement: W. Babinecz*

unwillkommen. Auch lehnten viele den Welfen seines herrischen, gewalttätigen und rücksichtslosen Charakters wegen als König ab. Sie zogen die Wahl des Staufer-Fürsten Konrad von Schwaben vor. In Sachsen allerdings hatte Heinrich großen Anhang[109]. Albrecht stellte sich an die Spitze der Opposition.

Er wurde aktiv, als die Kaiserwitwe Richenza in aller Eile für den 2. Februar 1138 zu einer Fürstenversammlung nach **Quedlinburg** – in unmittelbare Nähe zu Albrechts Stammländern Ballenstedt/Burg Anhalt/Aschersleben – eingeladen hatte, eine Art Wahlkampf, um eine Vorentscheidung für Heinrich zu erreichen. Albrecht der Bär vernichtete mit seinen Mannen die bereits angeschafften Vorräte und riegelte die Stadt vor den Eingeladenen ab. So gewann die Staufer-Partei Zeit und konnte erreichen, dass im Mai 1138 der Staufer als Konrad III. zum Nachfolger Kaiser Lothars gewählt wurde[110].

[109] Partenheimer, Albrecht, s. Fußn. 4.

[110] Partenheimer, Albrecht, s. Fußn. 4.

**Albrecht der Bär hatte**, ohne es zu wollen und was nur im Rückblick erkennbar ist, **mit seiner Verhinderung des Welfen für alle Zeit die Weiche gestellt für die Entwicklung des deutschen Reiches zu einem föderalen Staatswesen.**

König Konrad III. entzog Heinrich dem Stolzen das sächsische Herzogsamt und verlieh es an Albrecht den Bären. Allerdings konnte dieser sich gegen die sächsische Adelsallianz mit Richenza an der Spitze nicht durchsetzen, die rücksichtslos gegen den neuen Herzog von Sachsen ankämpfte, wobei seine Burgen Anhalt, Gröningen, Bernburg und weitere vernichtet, seine Grafschaften verwüstet wurden und große Menschenverluste zu beklagen waren. Nach Heinrich des Stolzen plötzlichem Tod Anfang 1139 ging der Kampf nun für Richenza's damals noch unmündigen Enkel Heinrich den Löwen weiter. Schließlich verzichtete der Askanier 1142 notgedrungen auf die sächsische Herzogswürde, die König Konrad nun um des lieben Friedens willen an den Welfensohn Heinrich den Löwen verlieh. Dessen Kämpfe um die Macht im Reich hielten auch nach König Konrads Tod (1152) unter dem neuen König und Kaiser Friedrich I. Barbarossa, dem Neffen Konrads, an[111]. (Barbarossa war über seine Mutter Judith ein direkter Vetter Heinrichs des Löwen. In Wulfhild hatten sie eine gemeinsame Großmutter, Albrechts Tante. Erklärt das vielleicht das lange Zeit zaghafte Vorgehen des Kaisers gegenüber den Umtrieben des Löwen?)

Die Feindschaft zwischen Askaniern und Welfen überdauerte Albrechts Tod und endete erst mit der unrühmlichen Verbannung Heinrichs des Löwen und schließlich dessen Tod 1192.

Albrecht musste seine von der welfischen Partei verwüsteten Grafschaften wieder aufrichten. Er ließ die Burg Anhalt größer und schöner als vorher und als prächtige Fürstenburg wieder aufbauen, ebenso die Bernburg über der Saale.[112]

Acht Jahre nach Albrecht des Bären Verzicht auf das Herzogtum Sachsen starb 1150 Pribislaw-Heinrich, und Albrecht der Bär trat, wie längst vertraglich bestimmt, die Erbschaft im Hevellerreich an.

**Damit eröffnete der Askanier das nächste bedeutsame Kapitel in der Entwicklung des mittelalterlichen deutschen Reiches.**

---

[111] Partenheimer, Albrecht der Bär , Fußn. 4.

[112] Korf: Bauwerke Albrechts, Fußn. 72.

Sowohl in der neu erworbenen Region als auch im Elbe-Havel-Winkel konnten nun mit der Unterstützung des Magdeburger Erzbischofs Wichmann[113] die christliche Mission energisch vorangetrieben und die Bistümer Havelberg und Brandenburg neu errichtet und mit den erforderlichen Mitteln ausgestattet werden.

Berühmt ist – neben anderen – bis auf den heutigen Tag das **Kloster Jerichow** (Baubeginn 1152) an der Straße der Romanik südöstlich von Stendal. Hier waren vermutlich die gleichen Bauleute tätig, die auch die Backsteinromanik der Burg Anhalt schufen.

**Albrecht der Bär ist damit der Begründer der Backstein-Romanik im norddeutschen Raum.**[114]

*11-2 Kloster Jerichow – die früheste romanische, in Backsteinmauerwerk ausgeführte Chorherren-Abtei Norddeutschlands. Die Türme der Klosterkirche wurden zuletzt und schon im gotischen Stil aufgeführt. Quelle: Museumsstiftung Kloster Jerichow – mit freundlicher Genehmigung der Stiftung*

[113] Das bedeutende Wirken Wichmanns siehe: wikipedia, Wichmann von Seeburg. Pfad: Leben, Bischof von Magdeburg (8.10.2021).

[114] Korf, Bauwerke Albrechts, Fußn. 72.

Das Bemühen um die Christianisierung und die Entwicklung der neuen Dörfer und Städte erlitt nur noch einmal einen Rückschlag, als der Sprewanenfürst Jaxa von Köpenick, ein Verwandter Pribislaws[115], im Jahr 1157 mit Hilfe polnischer Verbündeter die Burg Brandenburg überfiel, ein Blutbad unter der Bevölkerung und der askanischen Burgbesatzung anrichtete und das Land verwüstete. Der in Eilmärschen herbeigeeilte Bär konnte im Verein mit einem großen adligen Ritterheer und dem Magdeburger Erzbischof Jaxas Heer in einem verlustreichen Kampf besiegen und das Havelland als neue Mark – die Mark Brandenburg – endgültig für alle folgenden Zeiten dem Reich sichern.[116]

*11-3 Einzug Albrechts des Bären in die Mark Brandenburg, Federzeichnung aus dem Jahr 1893 Sammlung H. Erfurth, Dessau*

In einer in Werben 1157 von ihm unterzeichneten und gesiegelten Urkunde nannte er sich zum ersten Mal selbst „Markgraf von Brandenburg".[117]

Zwar fiel Albrecht das Erbe schon 1150 zu; aber erst mit der Rückeroberung **im Jahr 1157 schlägt endlich die Geburtsstunde der Mark Brandenburg.**

*11-4 Brakteat Albrecht der Bär als Markgraf von Brandenburg Prägung Münze Wegeleben oder Ballenstedt um 1160-70*
*Quelle: Bundesbank, Frankfurt am Main, Numismatische Sammlung, Inv.-Nr. 0041/68 Wiedergabe m. frdl. Genehmigung*

Albrecht des Bären neue Stellung im Reich künden allen sichtbar – sym-

[115] Identität umstritten, siehe B. Kluge: Jacza de Copnic… in: www.numismatische Gesellschaft Berlin e.V./files/ NH17Kap014042.pdf.

[116] Partenheimer, Die Entstehung der Mark Brandenburg s. Fußn 97, S.75.

[117] Partenheimer: Albrecht der Bär, Fußn. 4.

bolisch in der erworbenen Burg – seine neu herausgegebenen Silbermünzen – Brakteaten (Abb. 11-4).

Nun begannen der Klerus und die Ministerialen Albrechts im Elbe-Havel-Raum (Brandenburg, Havelberg, Jerichow, Leitzkau, Werben (Elbe) u. a. sowie Burgwall Spandau 1157) zu wirken. Albrecht selbst widmete sich der Anwerbung von Siedlern aus seiner weiteren Heimat, vor allem aber den westlichen Regionen des Reichs – aus dem Rheinland, Flandern, den Niederlanden und Friesland – durch Sturmfluten landlos gewordenen Bauern, im Deichbau erfahrenen Technikern. Und er warb (infolge des Bevölkerungswachstums) besitzlose Bauernsöhne an, die sicherlich dem Leben zuhause als Knecht den Neuanfang in den wendischen Dörfern und den Aufbau neuer Siedlungen tatkräftig vorzogen.[118]

Bitterste Not und der Verlust der Heimat, die das Meer bei den verheerenden Sturmfluten an den niederländisch-friesischen Küsten den Menschen geraubt hatte, aber auch Abenteuerlust und die Chance auf ein besseres Leben wird viele obdachlose Menschen bewogen haben, dem Ruf ins Havelland zu folgen.

Die erprobte Landtechnik, die sie alle mitbrachten – moderne Pflüge, die Dreifelderwirtschaft mit dem Wechsel von Sommergetreide-Wintergetreide-Brache (und Weide) – steigerte die Ernten. Die Eindeichungen im wasserreichen Havelland schufen aus der ständig von Überschwemmungen bedrohten urtümlichen Landschaft neues fruchtbares und sicheres Ackerland. Die neuerbauten Klöster waren die wichtigsten Zentren der Heidenmission und überall die Träger der kulturellen Entwicklung. Von den Klosterschulen aus entwickelte sich in den folgenden Jahrhunderten das Bildungswesen. Albrecht verlieh **Stendal** und anderen Orten Marktrecht, förderte den städtischen Handel und die Fluss-Schifffahrt. Aus der früheren Nordmark ging – unter Einschluss der Altmark – die neue **Mark Brandenburg** hervor.

Lutz Partenheimer urteilt einfühlend[119]: *„Der Askanier zweifelte sicherlich nicht daran, „dass Gott das Land für ihn vorgesehen hatte ..., denn er dankte ja seinem Schöpfer beim Wiedereinzug in die Havelfeste [gemeint ist Brandenburg] für den Sieg. Und der wäre dem Markgrafen doch sicher nicht gewährt worden, wenn Gott*

[118] Eine anschauliche Beschreibung dieser zielstrebigen kulturschaffenden Vorgänge gibt Albrechts Zeitgenosse, der Geistliche Helmold von Bosau, Siehe Fußn. 93.

[119] Partenheimer, Albrecht der Bär, s. Fußn. 4, S. 75.

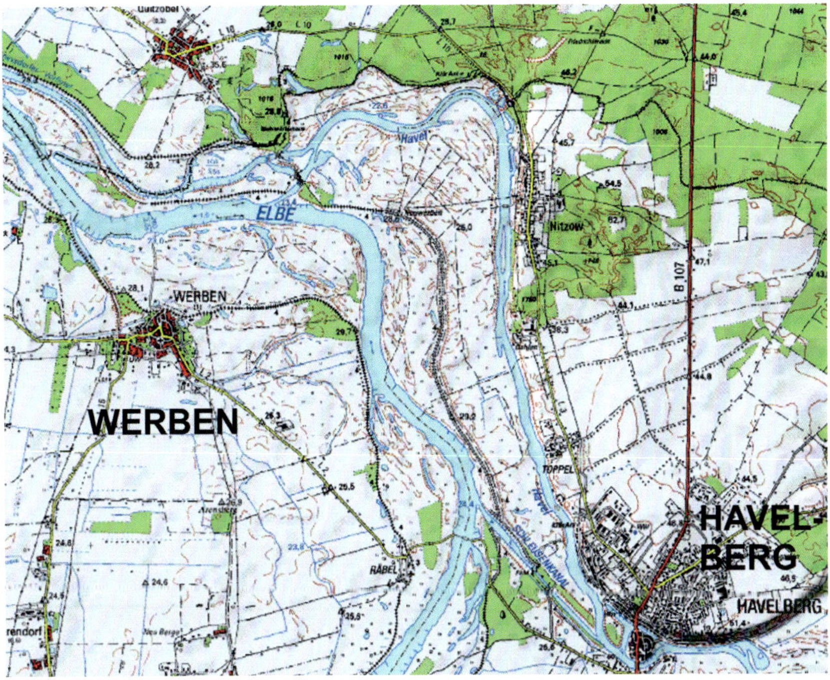


*nicht gewollt hätte, dass der Ballenstedter sein von Pribislaw-Heinrich ererbtes, dann durch Jaxa geraubtes Eigentum zurückeroberte. Also musste der Himmel das Hevellerfürstentum doch wohl für Albrecht den Bären bestimmt haben."*– So dachte und fühlte man zweifellos allgemein zu Albrechts Zeit.

Im Jahr 1158 unternahm der Markgraf gemeinsam mit seiner Gemahlin sowie hochrangigen geistlichen Begleitern eine Pilgerreise nach Jerusalem – Bußefahrt und Dankesreise vermutlich und besorgt um das Seelenheil seiner Sippe. Tief beeindruckt durch das dortige Johanniterhospital kam das Paar 1159 von der Wallfahrt zurück. So-

*11-5 Johanniterhaus (Lambertikapelle) in Werben im Elbe-Havel-Winkel, das einzige Gebäude, das von der Johanniter-Komturei erhalten ist.*

phia starb kurz darauf 1160, vermutlich durch die Strapazen der Orientreise kränkelnd, und wurde in der Klosterkirche in Ballenstedt beigesetzt.

Albrecht wird dieser Verlust schwer getroffen haben.

Aber er widmete sich weiterhin gemeinsam mit seinem ältesten Sohn Otto, der ihm als zweiter Markgraf von Brandenburg folgte, dem Landesausbau in der neuen Mark. Im Jahr 1160 (nach der Rückkehr aus dem Heiligen Land) gründete Albrecht in Werben (Elbe) **die erste deutsche Johanniter-Komturei**.

Er unterzeichnete dort eine bedeutende Schenkungsurkunde (in gekürzter Wiedergabe):

*„Adelbert, durch göttliche begünstigende Gnade brandenburgischer Markgraf. Wissen möge die Gesamtheit der Gläubigen ..., dass ich, Adelbert, durch Gottes Gnade brandenburgischer Markgraf, für mein Seelenheil und das meiner Gemahlin Sophie, meiner Kinder sowie meiner Vor- und Nachfahren mit der Einwilligung meiner rechtmäßigen Erben ... – Gott und dem heiligen Johannes dem Täufer für das Hospital in Jerusalem von meinem Erbe die Kirche im Dorf Werben am Ufer des Flusses Elbe mit allen Zugehörigkeiten und Nutzungen ... übertragen habe, damit alle Einkünfte ..., alljährlich uneingeschränkt den im genannten Hospital weilenden Armen zugutekommen ... Glück zu. Amen."*[120]

Am 16. August 1170 war Albrecht der Bär im Kreis seiner Söhne bei der Weihe des Havelberger Doms anwesend. Drei Monate später, am 18. November, starb er. Auch er wurde in der Ballenstedter Basilika Pankratius und Abundius beigesetzt.

---

[120] In lateinischer Sprache ausgefertigte Urkunde im brandenburgischen Landeshauptarchiv Potsdam; – auf deutsch bei: Partenheimer: „Albrecht der Bär und Werben (Elbe)" in: „Markgraf Albrecht der Bär – ein Herrschaftsbild im Wandel der Zeit" – Protokollband s. Fußn. 2.

# Kapitel 12 Albrechts Erben – Teilung der Herrschaft und Mehrung der Macht[121]

Oktober 2020: Seit fast einem Jahr steht Albrecht, die in Bronze gegossene Erinnerung an den berühmten Ballenstedter Grafen und ersten Markgrafen der Mark Brandenburg auf unserem Schlosshof, herabgestiegen vom Sockel seines Denkmals und in Erwartung der Gedenkfeier der 850. Wiederkehr der Bestattung des mittelalterlichen Fürsten in der Ballenstedter Familienkapelle.

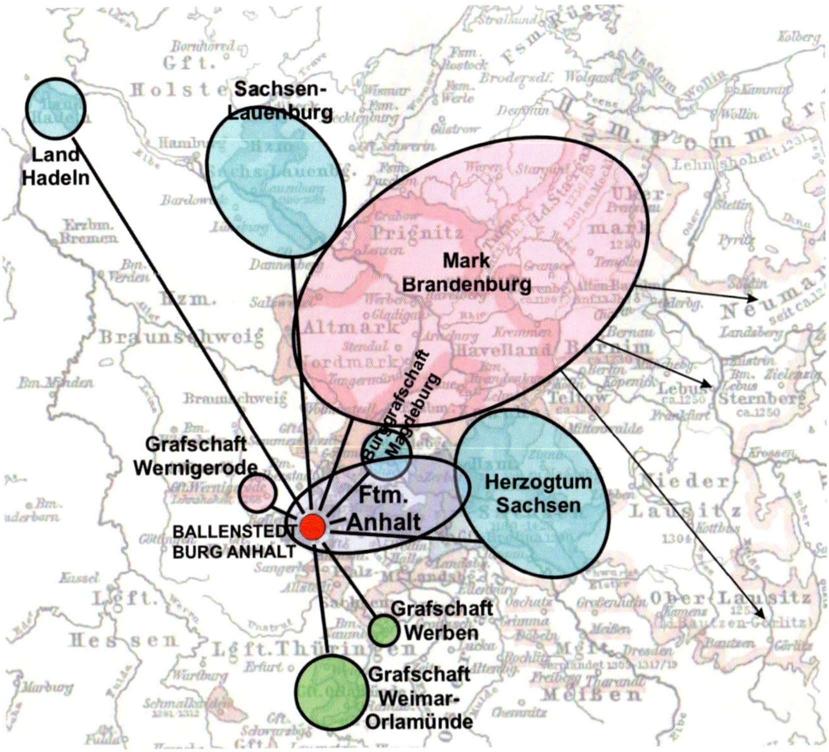


*12-1 Grobschematische Übersicht über die askanischen Herrschaftsgebiete der Söhne Albrechts des Bären. Entwurf: W. Babinecz*

[121] Orts- u. Personen-Daten nach Partenheimer, Albrecht der Bär, s. Fußn. 4 und thematischen wikipedia-Beiträgen, Stand 2020.

12-2 Havelberger Dom
Quelle: wikipedia CC BY-SA 3.0

Wenige Wochen vor seinem Tod hatte Albrecht der Bär mit seinen Söhnen an der Einweihung des neuen Havelberger Doms teilgenommen, und es wäre denkbar, dass es für ihn auch eine Art Abschiedsfeier von der Welt im Kreis seiner engsten Familie und in geist-seelischer Gegenwart seiner schon Jahre vor ihm heimgegangenen Frau Sophie gewesen war.

Albrechts ältester Sohn **Otto**[122] wurde sein Nachfolger in der **Markgrafschaft Brandenburg**.

Das Geschlecht regierte dort ununterbrochen bis zum Jahr 1320, als der letzte Askanier in diesem Amt kinderlos starb[123]. Nach mehreren Herrschern aus anderen Fürstengeschlechtern übernahm ein Burggraf von Nürnberg-Hohenzollern die Mark. Dessen Geschlecht regierte dort bis zum Jahr 1918.
Die Mark Brandenburg überdauerte die schweren Krisenzeiten des 19. und 20. Jahrhunderts. Und noch heute verweisen die Farben Silber und Rot und der Adler der brandenburgischen Landesfahne auf Albrecht den Bären, den Grafen von Ballenstedt, den Gründer und ersten Herrscher Brandenburgs.

Den alten Stammsitz, die Grafschaft Ballenstedt, hatte Albrecht der Bär seinem fünften Sohn **Adalbert** übergeben. Dieser überlebte den Vater aber nur um ein Jahr, so dass dessen Herrschaft an den jüngsten Sohn **Bernhard**[124] fiel.

---

[122] Otto *1125/26, +1184; – Hermann *1130, +1176; – Dietrich *?, +1183.

[123] Partenheimer,: Die Entstehung der Mark Brandenburg, Fußn. 97.

Bernhard hatte in der Erbteilung von 1170 das zweitgrößte askanische Territorium – das aus dem ursprünglichen Gau Serimunt um Köthen herausgewachsen war, als Grafschaft Aschersleben zusammen mit der Burg Anhalt erhalten. Bernhard vereinigte nun die beiden Grafschaften. **Aus den erblich gewordenen gräflichen Herrschaftsrechten und dem ausgedehnten askanischen Allodialbesitz erwuchs das dem Reich direkt unterstehende Fürstentum Anhalt.**

**Mit Bernhards Sohn Heinrich**, dem Enkel Albrechts des Bären, **beginnt 1112 das Fürstentum Anhalt**. Daran erinnerte unser Bundesland vor zehn Jahren, 2012, in der Feier **„800-Jahre-Anhalt“**.

Das sächsische Herzogsamt, das Albrechts Großvater Magnus Billung bis zu seinem Tod 1106 innegehabt und das vorübergehend auch Albrechts Vater Otto der Reiche bekleidet hatte, war von König Konrad III. von 1138 bis 1142 an Albecht den Bären verliehen worden, konnte von ihm jedoch, wie schon berichtet[125], gegen den welfischen Herzog Heinrich den Löwen, der mit wütenden Zerstörungen und Brandschatzungen Albrechts Grafschaften und Burgen überzog, nicht gehalten werden. Der mächtige Heinrich der Löwe, zunächst von seinem Vetter Kaiser Barbarossa begünstigt, geriet auch mit diesem, aber auch mit vielen anderen Reichsfürsten in schweren Konflikt und wurde schließlich geächtet. Das alte Stammesherzogtum Sachsen, das schon den Staufer-Kaisern so viel Ärger gemacht hatte und nach wie vor eine Quelle der Opposition geblieben war, teilte der Kaiser: Westfalen verleibte der Kölner Erzbischof seinem Bistum ein, Ostfalen ging zum Teil mit der Altmark in der neuen Mark Brandenburg auf, und nur noch ein isoliertes Gebiet um Lauenburg[126] an der unteren Elbe, das nördliche Harzvorland und die sächsischen Gebiete zwischen der Altmark und der Meißener Mark blieben als Herzogtum Sachsen bestehen. Dieses übertrug der Kaiser auf dem Reichstag zu Gelnhausen 1180 Albrechts jüngstem Sohn Bernhard und verlieh ihm die Kurfürstenwürde.

[124] Bernhard *1140, +1212, Graf von Ballenstedt und Aschersleben seit 1170, Herzog von Sachsen seit 1180.

[125] siehe Kapitel 11.

[126] Bernhard von Anhalt erbaute nach der Belehnung mit diesem Gebiet dort nach 1180 die nach der gleichnamigen Burg am Harz (Lauenburg b. Stecklenberg) benannte Veste.

Und er fügte dem Wappen der Ballenstedter Grafen den grünen Rautenkranz hinzu. Heute ist es das Landeswappen des Bundeslandes Sachsen.

Bernhard machte Wittenberg zum Zentrum seiner Herrschaft. 1183 belehnte ihn Barbarossa mit der Anwartschaft auf die Grafschaft Plötzkau, und nach Barbarossas Tod 1190 wurde Bernhard unter dem König Heinrich VI.[127] Erz-Marschall des Heiligen Römischen Reiches Deutscher Nation. – Bernhards Enkel Albrecht und Johann teilten später das Herzogtum in Sachsen-Wittenberg und Sachsen-Lauenburg.

Nach dem Aussterben der askanischen Linie der sächsisch-wittenbergischen Kurfürsten 1422 kam Sachsen an das Wettiner Fürstenhaus. Der Name „Sachsen" ging damit auch auf die im heutigen „Freistaat Sachsen" liegenden übrigen Gebiete der Wettiner über.

Mit den gegnerischen Welfen hatten die Askanier in Brandenburg und Ostsachsen weiterhin zu tun.

Kaiser Friedrich II.[128] gründete 1235 um den großen Allodialbesitz des welfischen Billunger-Erbes herum ein neues Herzogtum Braunschweig-Lüneburg[129].

In dem ursprünglichen alt-sächsischen Stammesgebiet lebte der Name „Sachsen" nur noch im Herzogtum Sachsen-Lauenburg fort. Nach dem Aussterben der dortigen askanisch-sächsischen Herrschaft 1689 bestand das Herzogtum in anderen Herrschaftsbeziehungen weiter, bis es 1876 aufgelöst wurde und in Preußen aufging.

Im 19. Jahrhundert entstand im hannoverschen Raum als Neuschöpfung der Begriff „Niedersachsen". Er wurde nach 1945 zum Landesnamen.

Albrechts des Bären zweiter Sohn **Hermann**[130] übernahm die **Grafschaft Weimar-Orlamünde** und die Allodien der Großmutter Albrechts (Adelheid), die Albrecht als Erbschaft seines Onkels Siegfried, Pfalzgraf bei Rhein und dessen Sohn

[127] Barbarossas Sohn Heinrich VI. *1165 +1197, König 1169, Kaiser 1191.

[128] Friedrich II., der Enkel Barbarossas und Sohn Heinrichs VI. *1194 + 1250, König seit 1212, Kaiser seit 1220.

[129] Wikipedia „Herzogtum Braunschweig-Lüneburg" bearb. 28.5.2020.

[130] Siehe Fußn. 122.

*12-3 Graf Bernhard von Anhalt, Herzog und Kurfürst v. Sachsen. Quelle: Christoph Mielzarek: Söhne und Töchter des Markgrafen in: Stephan Freund – Gabriele Köster (Hrg.) Albrecht der Bär, Ballenstedt und die Anfänge Anhalts*

*12-5 Landeswappen des Bundeslandes Freistaat Sachsen*
*Quelle: wikipedia gemeinfrei*

*12-5 Wappen des ehemal. Herzogtums Sachsen-Lauenburg*
*Quelle: wikipedia CC BY 3.0*

Pfalzgraf Herrmann gegen ungerechtfertigte Ansprüche der Kaiser Heinrich V. und Lothar von Süpplinburg dem askanischen Haus erhalten konnte.

Die weimar-orlamündischen Askanier regierten als reichsunmittelbare Grafen noch ungefähr 175 Jahre, bis nach verlorenen Kämpfen ihre Grafschaften schließ-

*12-6 Großes Wappen des ehem. Großherzogtums Sachsen-Weimar-Eisenach. Quelle: wikipedia gemeinfrei (Hugo Gerard Ströhl)*

lich an die Fürstenlinien der Wettiner fielen[131] und später in dem Herzogtum Sachsen-Weimar-Eisenach aufgingen. Stecken noch Mauerreste in der mittelalterlichen Weimarer Burgruine in der Nähe des Weimarer Schlosses?

In dem bis 1918 gültigen Wappen sieht man den Schild Albrechts des Bären als Graf von Ballenstedt – die goldenen und schwarzen Balken – und den Rautenkranz gleich zweimal: in der unteren und in der oberen Hälfte des Wappens.

Die mit reichem Allodialbesitz aus dem Erbe Eilikas, Albrechts Mutter, ausgestatte Grafschaft Werben (heute Burgwerben) bei Weißenfels verlieh Albrecht der Bär seinem Sohn **Dietrich.**[132] Nach dessen Tod 1183 erbte sein Bruder Bernhard auch diese Grafschaft.

Zwei weitere Söhne übernahmen kirchliche Ämter und unterstützten so die weltlichen Herrschaften der Brüder: **Siegfried**[133] wurde Bischof von Brandenburg und später Erzbischof von Bremen, **Heinrich**[134] Geistlicher an der Domschule in Magdeburg.[135]

Von den vier Töchtern Albrechts starben drei noch zu Lebzeiten des Vaters – Leid blieb diesem damit nicht erspart. – Adelheid[136] wurde Nonne im Kloster

[131] Wikipedia „Thüringer Grafenkrieg" (Bearb.14.2.2020).

[132] Siehe Fußn.122.

[133] Siegfried +1184; – Heinrich +1185/86?

[134] Siehe Fußn. 133.

[135] v. Heinemann, Albrecht der Bär, Fußn. 12, S. 285.

[136] Adelheid +1162; – Hedwig +1203; – die Gräfin v. Rheineck +1149?; – Gertrud, die Gemahlin Děpolds +1167.

Lamspringe, Hedwig[137] heiratete den Markgrafen Otto von Meißen. Sie wurde zur Stamm-Mutter der Wettiner Fürstenlinien. Von zwei weiteren Töchtern heiratete die eine, ihr Name ist nicht bekannt, Otto den Jüngeren von Rheineck (in der Nähe Maria Laach's), die andere, Gertrud[138], den Bruder des böhmischen Herzogs und Königs Vladislav II, Děpold von Böhmen[139].

Bernhard überlebte alle seine Geschwister, und nur seine Nachkommen regierten das Fürstenhaus der Askanier bis zum Ende des deutschen Kaiserreichs 1918 und führen es bis in die lebendige Gegenwart, vertreten durch den Prinzen Eduard von Anhalt.

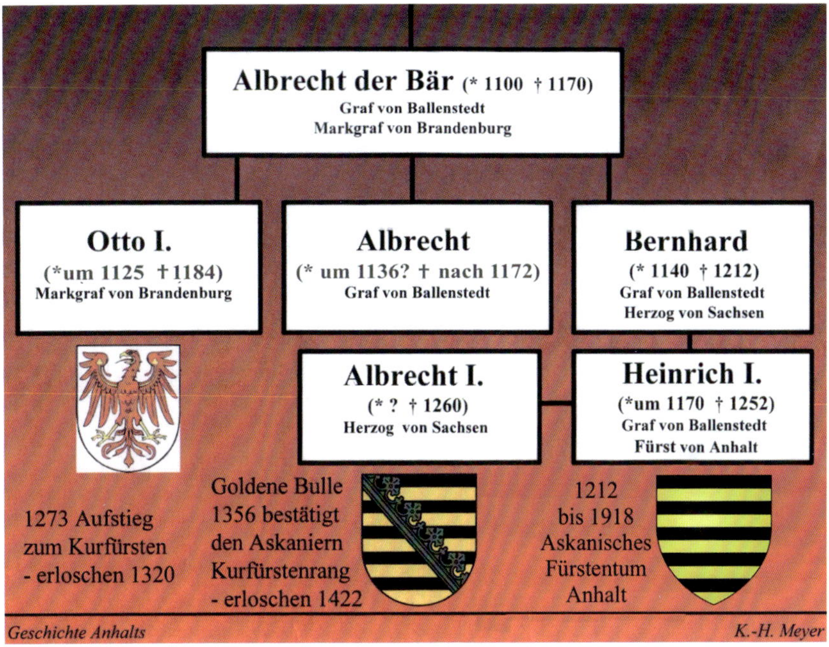


*12-7 Albrechts Söhne Otto und Bernhard führen die Ämter Albrechts des Bären fort: Otto die Markgrafschaft Brandenburg, Bernhard das Herzogtum Sachsen und die Grafschaften Ballenstedt und Aschersleben. Das Herzogtum Sachsen übernimmt nach Bernhards Tod sein Sohn Albrecht I., die später anhaltischen Länder sein Sohn Heinrich I. als erster Fürst von Anhalt. Quelle: Karl-Heinz Meyer*

---

[137] Siehe Fußn. 136.

[138] Siehe Fußn. 136.

[139] siehe Wikipedia zu Albrecht dem Bären ff , (Stand 22.3.2020. 18:08).

# Kapitel 13 Anhalt und Sachsen-Anhalt

Mit Albrecht des Bären Enkel **Heinrich** beginnt im Jahr **1212** ein neuer Abschnitt in der Geschichte unseres Heimatortes.

Und nicht nur des Ortes – **Anhalt entsteht.**

Seit Albrechts Tod 42 Jahre zuvor wird sich hier in Ballenstedt nicht viel verändert haben: das kleine Dorf an der Getel, aber mit Adelshöfen[140] und einer Kirche[141] St. Nikolai mit dem noch erhaltenen alten romanischen Kirchturm[142] an der heutigen Kirche von 1500. –

13-1 *Romanischer Turm der Nikolaikirche in Ballenstedt Foto: W. Babinecz*

Oben auf dem Berg das Kloster. – *Wenn du um die alten Gemäuer herumgehst, die alten Steine berührst –* ***oben am Schlossturm****: Sind hier noch Mauern, die einst Albrecht schon streifte? –* ***Unten*** *im Dorf* ***am Kirchturm****: Hat hier schon jener Heinrich Andacht gehalten? – Konnten sich Dorfbewohner noch an Albrecht erinnern? Was bedeutete ihnen der Markgraf? – Und Heinrich, dem Enkel? Wie oft kam er hierher? Von seiner stolzen Burg Anhalt drüben über der Selke hierher ins Dorf oder in die Abteikirche Pankratius und Abundius an das Grab des Großvaters, um zu beten?*

[140] Horst Lange: Die Altstadt von Ballenstedt, Hrsg. heimatBEWEGEN e.V. (2020), S. 18; www.heimatbewegen.de.

[141] Lange, s. Fußn.140, S.19, danach wird Ballenstedt schon 1073 als Kirchdorf bezeichnet.

[142] Der frühere Bau, zu dem der Turm gehörte, 11. Jh. Siehe Dehio: Handbuch der deutschen Kunstdenkmäler Akademie-Verlag Berlin (1978).

*13-2 Fürst Heinrich I., am askanischen Wappen erkennbar, als dreifacher Tournier-Sieger (aus der Manessischen Liederhandschrift)*
*Quelle: Kunstdruck Sammlung Karl-Heinz Meyer*

Die Kirche auf dem Berg diente seit der Gründung des Kollegiatstiftes 1043[143] durch Esiko dem Totengedenken (memoria)[144] der askanischen Familie. In lückenloser Folge wurden hier: die Grafen **Esiko**, **Adalbert**, **Otto der Reiche**, Markgraf **Albrecht der Bär**, Herzog **Bernhard, Kurfürst von Sachsen**, und **Reichsfürst Heinrich I. von Anhalt** beigesetzt. **Man vermutet die Grafengräber in dem heutigen Verbindungsgang zwischen der Nikolaikapelle und dem Südflügel des Schlosses.**[145] Der Ballenstedter Stadtrat Karl-Heinz Meyer weist auf die enorme zentrale Bedeutung hin, die Ballenstedt als Memorialort der Askanier hat.

In einem Beitrag im Werbener Tagungsband des Landesheimatbundes ist er auf die Bedeutung Albrechts des Bären auch für Sachsen-Anhalt ausführlich eingegangen.[146]

Dem Fürstenstand des Reiches, um den Albrecht der Bär noch hart hatte kämpfen müssen, gehörte der Enkel Heinrich schon von Geburt an. Er taucht auf in der **Manesse'schen Liederhandschrift** – am Askanier-Wappen erkennbar – in der martialischen Verkleidung der Ritterrüstung. Als **Minnedichter**, ein Zeitgenosse Walters von der Vogelweide[147], huldigte er der ritterlichen Liebe und Verehrung. Und in der Sage vom „Sängerkrieg auf der Wartburg" erklingen Strophen seiner Lieder:

*„Ich will den winter empfahe mit gesange,*
*ob stille schweigen die Vögelein.*
*Nicht soll doch unter seinem Zwange*
*der Minne Freude mir verbittert sein. ..."* [148]

---

[143] die Weihe 1046 durch den Bremer Erzbischof Adalbert in Anwesenheit des Kaisers Heinrich III.

[144] Außer den Angehörigen sicherten vor allem die Mönche des Klosters das fortdauernde Gedenken. Memoria ist aber auch die Gedächtnisstätte, die Kapelle, die Kirche selbst.

[145] Nach Zerstörung des Klosters im Jahr 1525 und Wegzug der Mönche hörte die Memoria auf, die Gräber versanken im Schutt. Von überliefertem Wissen und der Auffindung eines Doppelgrabes in der Nikolaikapelle bei einer gezielten, durch Herzog Friedrich I. von Anhalt veranlassten, Grabung im Jahr1880 berichtet eine Schrift von Paul Schwenke, Zerbst: „Von den alten Grabstätten in dem ehemaligen Benediktiner-Kloster auf dem Schlossberge zu Ballenstedt", Verlag Anhaltische Rundschau Dessau, (ohne Jahresangabe).

[146] K.-H. Meyer, Markgraf Albrecht der Bär, s. Fußn. 2.

[147] * um 1170, + um 1230. Auch Kaiser Heinrich VI. (*1165, +1197) war ein Minnesinger (s. Codex Manesse).

[148] Ins Hochdeutsche übertragen aus wikipedia „Heinrich I., Fürst von Anhalt" (Stand: wikipedia 28.4.2020).

**Heinrich übertrug seinem durch diesen Auftrag berühmt gewordenen Ministerialen und rechtskundigen Freund *Eike von Repgow* die Aufgabe, das alte sächsische Recht niederzuschreiben – den „Sachsenspiegel“**. Bei Hoyer von Mansfeld auf der Burg Falkenstein. Dieses erste mittelalterliche – man könnte sagen: Ballenstedter – Rechtsbuch wurde ein Leitfaden für das geordnete Zusammenleben. Es sammelte die Rechte auf dem Lande und in den Städten.

*13-3 Detailbild aus dem Sachsenspiegel*
*- Aus dem Nachbargarten überrankender Hopfen darf hereingezogen werden, soweit es die Ranke erlaubt. - Äste dürfen nicht über den Zaun ragen.*
*Quelle: Inseltaschenbuch „Der Sachsenspiegel“ Frankfurt/Main (1976) – Bild 122 – m. frdl. Genehm. d. Suhrkamp-Verlages*

Auf den Handelswegen verbreitete es sich weit über die Grenzen des Reiches hinaus, u. a. bis nach Kiew, wie es in dem Mittelalter-Museum auf der Burg Falkenstein veranschaulicht wird.

Auf Heinrich geht auch die **erste Teilung Anhalts** 1252 unter seine Söhne Heinrich II., Bernhard I. und Siegfried zurück.

Erst 1570 kamen die zwischenzeitlich weiter zersplitterten Teilherzogtümer dann wieder in eine Hand und wurden seit 1603 erneut in die fünf Fürstentümer der jüngeren Linien aufgespalten (siehe Anhang, Tafel II). Ballenstedt gehörte seitdem zur jüngeren Bernburger Linie.

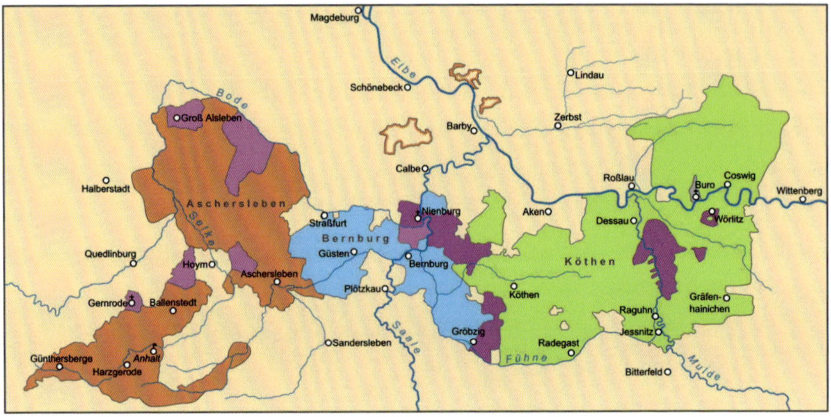


*13-4 Die Karte zeigt das Anhalt des Fürsten Heinrich I., wie es unter seine Söhne Heinrich II., Bernhard I. und Siegfried nach 1252 aufgeteilt war. – Violett: kirchliche Gebiete*
*Quelle: wikipedia – Sir Lain - Eigenes Werk, CC BY-SA 4.0*

Aber schon vorher, 1543, erhielt Ballenstedt Stadtrecht und um 1551 die Stadtmauer.[149]

Die sozialen Verhältnisse in den Dörfern und Städten hatten sich seit dem Mittelalter kaum verbessert, Kriege, Seuchen und Armut unter der Bevölkerung beherrschten den Alltag all die Jahrhunderte. Aber die weltlichen und kirchlichen Obrigkeiten entwickelten und förderten doch nach und nach im Sinne der Aufklärung und der Christenlehre eine bessere öffentliche Ordnung, den Brandschutz und in den unteren Ständen eine elementare Bildung. Die absolute Macht der Fürsten erlaubte diesen, ihre Schlösser zu unterhalten, die Kunst zu pflegen, Städte, Straßen und Brücken zu bauen und zu unterhalten; sie äußerte sich aber auch in fürstlicher Willkür, besonders bei der Eintreibung finanzieller und sachlicher Mittel sowie Fronarbeit.

Im beginnenden 18. Jahrhundert fingen die Bernburger Fürsten an, aus den Ruinen des vom Bauernkrieg zerstörten Ballenstedter Klosters zuerst ein Jagdschlösschen, dann nach und nach das heutige Schloss zu erbauen. Besonders Viktor II. Friedrich (*1700, + 1765) war hier sowohl im Schlossbau als auch in der rücksichtslosen Beschaffung der Mittel bei den Städten, Dörfern und ihren Bewohnern sehr erfolgreich.

---

[149] Zu diesen Daten siehe Peper u. Heese, s. Fußn. 33, S.42-47.

Das schildern ziemlich drastisch Kurt Müller, Karl-Heinz Börner und Christoph Schröter[150].

Unterhalb des Schlosses ließ Viktor Friedrich ein Zeughaus zur Unterbringung der großen Jagdgesellschaften und der Jagdgeräte errichten, den heutigen Großen Gasthof (neuerdings „Bernstein-Schlosshotel") am Schlossplatz.

Mit den Prozessen gegen die einheimischen Bauern wegen des Fürsten rücksichtsloser Jägerei hatte noch sein der Aufklärung aufgeschlossener Sohn Friedrich Albrecht (*1735, +1796) zu tun. Dieser machte Ballenstedt 1765 zur Residenz[151]. Der Steinkohlenbergbau bei Opperode und die Eisenverhüttung im Selketal bei Mägdesprung brachten Geld in die fürstliche Kasse und der armen Bevölkerung Arbeit. (Wer sich ausführlich darüber informieren möchte, sei wieder auf Fußn. 151 hingewiesen.) – Was damals die Untertanen in Mühsal und Schweiß nach fürstlichem Konzept aufbauten, können wir Heutigen vielfach noch nutzen und genießen, ohne uns sonderlich Gedanken dabei zu machen. Die meisten höfischen Anlagen (Allee, Theater, Röhrkopf, Hotel Großer Gasthof, Hotel Stadt Bernburg u. v. a. m.) entstanden unter Friedrich-Albrechts Regierung; die Siebersteinsteiche, der Bremer Teich und eine Überleitung von diesem ins Siebersteinstal – Wasser auf die beiden Mühlen am Schlossteich. Auch der Badebetrieb bei den Alexisbader Heilquellen begann. Die von ihm angelegte Versuchspflanzung der „Forstmeistertannen" hinter dem Glockenteich hat gerade der Harzklub erneuert. Der wissenschaftlichen Betätigung der Tochter Friedrich-Albrechts, Pauline[152], verdankt unsere Bibliothek die wertvolle herzogliche Bücherei; sein Sohn Alexius, seit 1802 Herzog, gründete das Alexisbad.

Mit dessen Sohn Alexander-Carl starb die Bernburger Linie 1863 aus, und die einzig verbliebene Dessauer Linie vereinigte erneut ganz Anhalt unter dem Herzog Leopold-Friedrich.

[150] Kurt Müller, Karl-Heinz Börner, Christoph Schröter: „Geschichte des Kreises Ballenstedt", herausgegeben vom Kulturverein Wilhelm von Kügelgen e.V., Convent-Verlag Quedlinburg (2006), ISBN 3-937648-09-7.

[151] Siehe Wolfram Babinecz: „Vor 250 Jahren: Ballenstedt wird fürstliche Residenz" Ballenstedter Stadtbote Jan. bis Aug. 2016, / Zschr. „Unser Harz", Nr. 2 (2016) / Zschr. „Der Harz", Nr. 3/4/5 (2016).

[152] Die später in Detmold sehr sozial wirkende Fürstin zur Lippe , *1796, + 1820.

Nach der Revolution von 1918 wurde Anhalt Freistaat, ging während der Naziherrschaft in dem „Gau Magdeburg-Anhalt“ unter, verschwand in der Zeit der DDR politisch und geographisch und auch dem Namen nach in den Bezirken Halle und Magdeburg.

Seit der Wiedervereinigung 1990 ist es **namengebender Teil unseres Bundeslandes**.

Den Grundstein zur sachsen-anhaltischen und zur Brandenburger Entwicklung legte Albrecht der Bär zur Salier- und Stauferzeit mit der Bündelung seiner Gaugrafschaften, seiner Entwicklungs- und Siedlungspolitik und der Stabilisierung und Befriedung der Grenzregionen zu den einst slawischen Stämmen. Die Umrisskarte des heutigen Sachsen-Anhalt – ist sie nicht das beinah genaue Abbild dessen, was Albrecht hier vor fast 900 Jahren unter seiner markgräflichen und gräflichen Herrschaft verwaltete und teilweise als Allod besaß? –

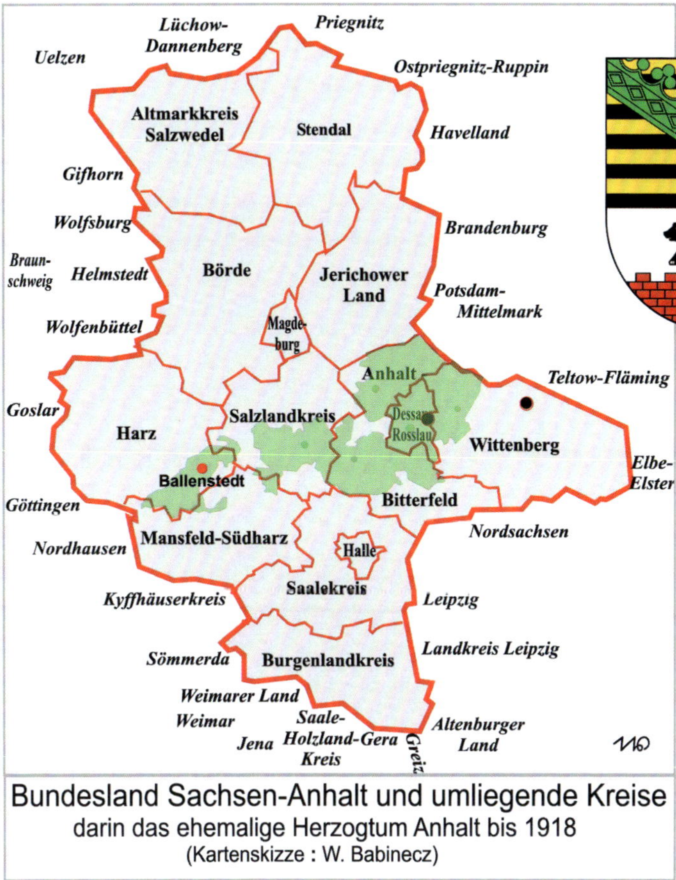

*13-6 Landeswappen Sachsen-Anhalt Quelle: Landesbehörde – mit frdl. Genehmigung*

*13-5 Kartenskizze des Bundeslandes Sachsen-Anhalt mit angrenzenden Kreisen Bearbeitet von W. Babinecz*

– Der Untergrund gewissermaßen für das Heutige.

Betrachtet man die Kreise unseres Landes, dann fällt auf: überall hat Albrecht der Bär, der Graf von Ballenstedt, gewirkt – und das Wappen unseres Bundeslandes drückt es direkt aus![153]

[153] Und man fragt sich unwillkürlich, wieso diese Beziehung im Wappen des Harzkreises fehlt!

Albrechts Sohn Bernhard, ***Ballenstedter*** Graf und Herzog von Sachsen; dessen Sohn Heinrich I., der erste Fürst von **Anhalt** – immer wieder war es Ballenstedt, auf das sich die Askanier besannen. Später die Bernburger, als sie ihre Sommerresidenz nach Ballenstedt verlegten und unsere kleine Stadt und seine weitere Umgebung zu dem machten, was wir an ihr so anziehend finden. Die Dessauer schließlich, bis zur Abdankung zwar in ihrer alten Landeshauptstadt – wohnten zuletzt privat auf dem Ballenstedter Schloss.

Am Anfang des Generationenflusses der Askanier, an seiner Quelle, lag **Ballenstedt**. – Hier fließt er weiter ins Leben der Heutigen – entlang der Erinnerungsorte *„Esiko-Stein“ – „Grablege Albrechts“ – „Die frühen Askanier und ihrer Gräber“ – „Friedrich-Albrechts Sommerresidenz“ – „Gedenkstein Joachim-Ernst“ – „Albrecht-Statue“*–. Er umfließt Ballenstedt, Anhalt, Sachsen-Anhalt, Brandenburg und Berlin. – Unsere Vorfahren, die vielen Unbekannten, Namenlosen und auch wir begleiten diesen Strom, gehören ihm an, manche durch meist unbekannte Ahnenlinien; und alle geistig im Fluss der Kultur unserer Heimat. – Das Denkmal Albrechts des Bären: eine **Erinnerung**, und der 17. November 2020 **ein Gedenken** an den vor 850 Jahren neben seiner Gemahlin Sophie hier Beigesetzten. –

*Denkmalanlage Albrechts des Bären von J. Müller (2019 auf dem Ballenstedter Schlosshof. Foto: W. Babinecz*

# Askanische Erblinien nach Albrecht dem Bären

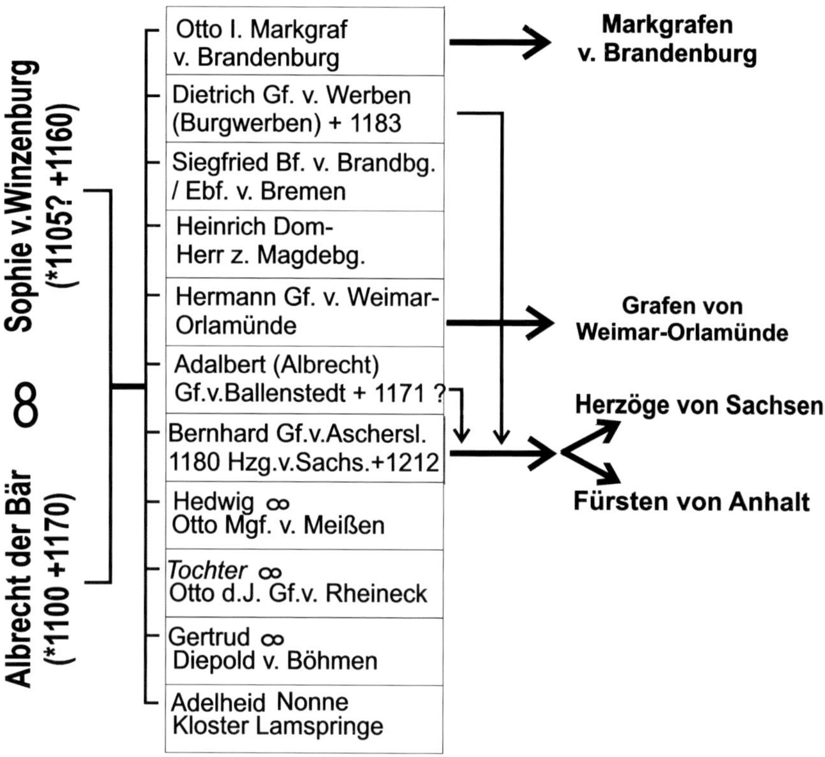


Entwurf: W. Babinecz

# Entwicklung Anhalts nach seiner Entstehung1212

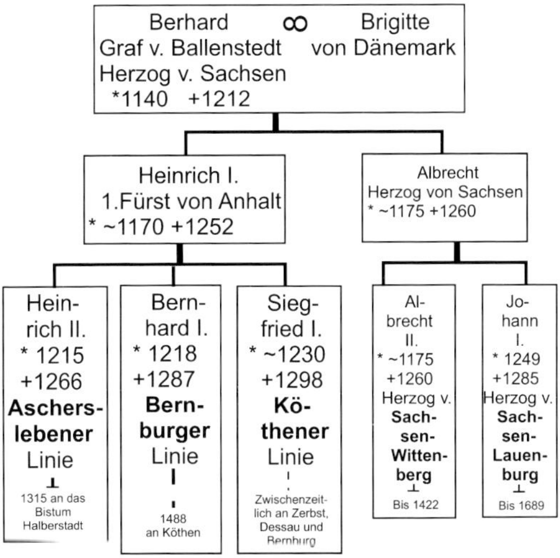


Die drei älteren anhaltischen Linien
kommen erst **1570** unter Fürst
**Joachim-Ernst von Anh.-Bernburg**
wieder zusammen.

1603
teilen sie sich wieder
in die jüngeren Linien
Anhalt-Bernburg
Anhalt-Dessau
Anhalt-Köthen
Anhalt-Zerbst
Anhalt-Plötzkau

Durch Erbgänge über mehrere
Jahrhunderte kamen die Teil-
fürstentümer
1863
unter Herzog **Leopod-Friedrich**
**von Anh.-Dessau** wieder zusammen
bis zur Auflösung des Herzogtums
in der Weimarer Republik.
1918-1933 Freistaat Anhalt
1990 Teil des **Bundeslandes Sachsen-Anhalt**,
zu welchem auch Teile des alten Herzogtums
Sachsen-Wittenberg gehören.

Entwurf: W. Babinecz unter Benutzung einer Übersicht L. Partenheimers in:
Freund u. Köster, Albrecht der Bär, Ballenstedt und die Anfänge Anhalts (2020), S. 42

# Liste der Abbildungen

**Kap. 11**



**Kap. 12**



**Kap. 13**

# Literatur- und Quellenverzeichnis

*(soweit nicht bei den Abbildungen angegeben)*
*Seitenzahlen bei den Quellen sind nur genannt, wenn es sich um eine spezielle Information handelt.*

Anhalt 1252
Karte Abb. S. 91 - Quelle: wikipedia – Sir Lain - Eigenes Werk, CC BY-SA 4.0.

Assing, Helmut, Partenheimer, Lutz
In: Lutz Partenheimer: „Albrecht der Bär - Gründer der Mark Brandenburg und des Fürstentums Anhalt", Böhlau-Verlag Köln/Weimar/Wien (2001), S. 16-20.

Babinecz, Wolfram
„Vor 250 Jahren: Ballenstedt wird fürstliche Residenz" Ballenstedter Stadtbote Jan. – Aug. (2016)./ Zschr. „Unser Harz", Nr. 2 (2016) / Zschr. „Der Harz", Nr. 3/4/5 (2016).

Beinert, Günther
Modell der Burg Anhalt seitlich des Ballenstedter Schlossplatzes
im Maßstab 1: 15 von Günther Beinert, Gerbstedt, – siehe auch Rekonstruktionszeichnungen bei W. Korf Fußnote 71 und Wolfgang Braun: „www.burgrekonstruktion.de".

Bimberg / Binder
Abb. S. 69: „Burgen stolz und kühn" Altberliner Verlag (1988).

Börner, Karl-Heinz
siehe Müller, Börner, Schröter.

Brademann, Jan
„Die Wurzeln liegen am Selketal. Die Burg Anhalt bei Ballenstedt"
in: Beiträge z. Regional- u. Landeskultur S.-A. H 28: „Die Frühen Askanier" Halle (2003). -

Brademann erwähnt dort S. 125 eine Veröffentl. T. Starke's in „Der Burgwart" XVI. Jg.(1915) Nr.2, S.34 über die Funde – siehe Fußnote 78, 82.

Braun, Wolfgang
www.burgrekonstruktion.de.

Brinckmann, Heinrich
Starke, Theodor
Ausgrabung und Vermessung durch die Geh. Bauräte Starke (Ballenstedt) u. Brinckmann (Braunschweig) im Auftr. d. Herzogs Friedrich I. vom Anhalt 1901 - 1907 – Veröffentl. T. Starke's in „Der Burgwart" XVI. Jg.(1915) Nr.2, S.34
(s. a. Mitteilung bei: J. Brademann: „Die Wurzeln liegen im Selketal..." S.127).

Bundesbank
Abb. S. 81: Prägung Münze Wegeleben oder Ballenstedt um 1160-70
Quelle: Bundesbank Frankfurt am Main, Numismatische Sammlung Inv.-Nr. 004/68.

Codex Manesse
Hier Abb. S. 92: Bild Heinrichs von Anhalt (Kunstdruck-Sammlung K-H. Meyer).
s. auch : Karl Klausberg: „Die Manessische Liederhandschrift" dumont-kunst-taschenbücher, DuMont Buchverlag Köln (1978) Tafel 23, S. 133: „Der Herzoge von Anhalte".

Dehio, Georg
Dehio-Gall: Handbuch der deutschen Kunstdenkmäler: 1) Niedersachen und Westfalen, zweite Aufl. Dtsch. Kunstverl. München/Berlin (1949); Neubearb. durch G. Kiesow u.a. Dtsch. Kunstverl. (1977).

Dehio-Gall
Dehio-Gall: Handbuch der deutschen Kunstdenkmäler: 1) Niedersachen und Westfalen, zweite Aufl. Dtsch. Kunstverl. München/Berlin (1949); Neubearb. durch G. Kiesow u.a. Dtsch. Kunstverl. (1977).

Dollinger, Heinz
"Anhaltischer Harz – Reflexionen zu einer Publikation" in „Harz-Zeitschrift" 54./55. Jg. Lucas Verlag (2004), S. 250 ff.

Eike v. Repgow
Abb. S. 94: Sachsenspiegel - Nachbar-Recht – Insel-Taschenbuch Nr. 218 „Der Sachsenspiegel" Insel-Verlag Frankfurt/Main (1976) Nr.122/ S. 115.

Friedrich I., Herzog v. Anhalt
Hzg. Friedrich I. v. Anhalt war der Großvater des letzten Herzogs und Urgroßvater S. H., des lebenden Prinzen Eduard v. Anhalt.

Freund, Stephan u. Köster, Gabriele (Hrsg.)
Albrecht der Bär, Ballenstedt und die Anfänge Anhalts – Tagungsband zum wiss. Kolloquium auf Schloss Ballenstedt v. 26. u. 27. Sept. 2019 – Schriftenreihe des Zentrums für Mittelalterausstellungen Magdeburg Bd. 6, Druck Schnell + Steiner (2020)

Gall, Ernst
Ernst Gall (s. Dehio, dort Fußnote 10) erwähnt 1934 noch eine „umfangreiche Burgruine" der Heimburg zw. Blankenburg u. Wernigerode.

Gärtner, Tobias
„Albrecht der Bär und die Burg Anhalt", S. 165 – 170 in: S. Freud, G. Köster (Hrsg.): Albrecht der Bär, Ballenstedt und die Anfänge Anhalts – Schriftenreihe des Zentrums für Mittelalterausstellungen Bd. 6

Harzklub
Abb. S. 71: Kartenblätter 1:50.000 Ballenstedt u. Thale (um 1900).
s. auch Korf Fußnoten 71, 72, 73 und Müller/Börner/Schröter, S. 41-42.

Heese, Bernhard.
Peper, Hans Ballenstedter Chronik – von den Anfängen bis 1920, neu hrsg. v. Kulturverein Wilhelm von Kügelgen, Ballenstedt 2004.

v.Heinemann, Otto
„Albrecht der Bär", Verl. G. G. Lange Darmstadt 1864, Reprint Kulturstiftung Bernburg 2001.

Helmond von Bosau
Chronica Slavorum – Übertragung ins Deutsche von H. Stoob, Wiss. Buchgesellsch. Darmstadt (1963) – über Albrecht den Bären s. Kap. 89.

Ilsenburg
Abb. 7-3, S. 47: Erläuterungstafel vor Ort
Vermutetes Aussehen der Ilseburg .
(Foto W.Babinecz).

Jackman, Donald Charles
Donald C. Jackman: „König Konrad, die letzten Karolinger und ihre sächsischen Verwandten" in Hans-Werner Goetz, Simon Elling (Hrsg.): „Konrad I. auf dem Weg zum deutschen Reich?" Verl. Winkler Bochum (2006) ISBN 3-89911-065-X.

John, Gustav,
Klempnerei, Ballenstedt. Das von Klempner- u. Metalldrückermeister J. F. Schulze aus Rieder gefertigte Burg-Anhalt-Modell der Ballenstedter Firma des Klempnermeisters John. befindet sich jetzt im Ballenstedter Museum.

Kluge, Bernd
Identität umstritten, s. B. Kluge: „Jacza de Copnic..." in: www.numismatische Gesellschaft Berlin e.V./files/NH17Kap014042.pdf.

Köster, Gabriele
Siehe Freud, Stephan u. Köster, Gabriele

Korf, Winfried
„Die Burg Anhalt im Unterharz" in Mitteilungen d. Landesgruppe S.-A. d. dtsch. Burgenvereinigung H.1 S. 15.

Korf, Winfried
„Burgen Albrechts des Bären im Umkr. d. Harzes" in. Beiträge z. Regional- u. Landeskultur Sachsen-Anhalts, H. 28, Halle (2003).

Korf, Winfried
Aschersleben als eins der sieben Fahnlehen Sachsens rechtlich besonders privilegiert – siehe W. Korf Fußnote 96, S.230.

Korf, Winfried
„Bauwerke Albrechts des Bären im Umkreis des Harzes" in: Beiträge zur Regional- und Landeskultur S.-A. H. 28 – die frühen Askanier – Halle (2003).

Lange, Horst
„Die Burg Anhalt", Zschr. „Unser Harz" Nr.1 (2014) Clausthal-Zellerfeld.

Lange, Horst
„Die Altstadt von Ballenstedt", Hrsg. heimatBewegen e.V. (2020), S. 18 – www.heimatbewegen.de.

Lange, Horst
„Burgen im anhaltischen Harz" in Harz-Forschungen 12 – Harzverein f. Gesch. u. Altertumskunde Bln. (2000).

Langlotz, Georg
„Zwischen Selke und Wipper" Band 1, 2.Aufl. ISBN 3-00-017838.4 ,S.90/91 u. 104 ohne Quellenangabe.

Meyer, Karl-Heinz
Kunstdruck Sammlung.

Meyer, Karl-Heinz
„Zur Geschichte des Albrecht-Denkmals in Ballenstedt" in: Altmärkischer Heimatbund e.V.: „Markgraf Albrecht der Bär – ein Herrschaftsbild im Wandel der Zeit" Protokollband der wissenschaftlichen Tagung in Zusammenarbeit mit dem Landesheimatbund Sachsen-Anhalt e.V. Osterburg (2014), S. 41.

Mondkalender
www.ewigeweisheit.de/mondkalender-fuer-alle-jahre-und-orte-.

Müller, Kurt / Börner, Karl-Heinz
Schröter, Christoph
„Geschichte des Kreises Ballenstedt", Kulturverein Wilhelm von Kügelgen e.V. (Hrsg.),
Convent-Verlag Quedlinburg (2006),
ISBN 3-937648-09-7.

Partenheimer, Lutz
„Albrecht der Bär, ‚Vater' der Mark Brandenburg, ‚Großvater' Anhalts" in: „Markgraf Albrecht der Bär – ein Herrschaftsbild im Wandel der Zeit" – Protokollband d. wiss. Tagung in Zusammenarb. m. d. Landesheimatbund S.-A. (Hrsg. Altmärk. Heimatbund e.V. Osterburg (2014) ISSN 1868-968X).

Partenheimer, Lutz
„Albrecht der Bär und Werben(Elbe)" in: „Markgraf Albrecht der Bär – ein Herrschaftsbild im Wandel der Zeit" – Protokollband d. wiss. Tagung in Zusammenarb. m. d. Landesheimatbund S.-A. (Hrsg. Altmärk. Heimatbund e.V. Osterburg (2014) ISSN 1868-968X), S. 25. - Dort: deutsche Wiedergabe der in lateinischer Sprache ausgefertigten Urkunde im brandenburgischen Landeshauptarchiv Potsdam.

Partenheimer, Lutz
„Die Rolle der Frauen beim Aufstieg der frühen Askanier" in: Beiträge zur Regional- und Landeskultur Sachsen-Anhalts 28, Halle (2003), S. 254 – 274;
– eine (unter anderen) Abstammungsreihen Albrechts des Bären ist bekannt bis hinab zu dem frühest bekannten fränkischen Edlen Karlmann , gest. um 580.

Partenheimer, Lutz
"Albrecht der Bär, Gründer der Mark Brandenburg und des Fürstentums Anhalt" Böhlau-Verlag Köln, Weimar, Wien (2001;
– u.a. im Anhang: „Zur Quellenlage" S. 199-201; dort zahlreiche Hinweise auf u.a. auch kritische u. fehlerhafte Beiträge anderer Autoren: sowie bei www.lutz-partenheimer.de.

Partenheimer, Lutz
Die Bedeutung der Burgen Anhalt, Askania (Aschersleben), und Anhalt für die frühen Askanier sowie Albrecht den Bären, in: Freund / Köster (Hrsg.), Albrecht der Bär, Ballenstedt und die Anfänge Anhalts (2020)

Partenheimer, Lutz
Albrecht der Bär und die Entstehung Brandenburgs,Verlag für Regional- und Zeitgeschichte Berlin (2021)

Peper, Hans
siehe B. Heese u. H. Peper.

Richter, Ludwig
Abb. 7-7, S. 50: Zeichnung der Lauen- u. d. Stecklenburg.

Schröter, Christoph
siehe Müller, Börner, Schröter.

Schubart, Friedrich Winfrid
- Abb. S. 40: Esiko-Stein; Fußnote 35
- „Der Hesicus-Stein an der Schlosskirche zu Ballenstedt" in: Anhalter Harzzeitung Ballenstedt 18. Apr. 1900 und Mitteil. des Vereins f. anhaltische Geschichte u. Altertumskunde Bd. 9 (1904).

Schulze, Johann Friedrich in Firma Gustav John, Ballenstedt
Zinkmodell der Burg Anhalt – siehe John, Gustav.

Schwenke, Paul, Zerbst
„Von den alten Grabstätten in dem ehemaligen Benediktiner-Kloster auf dem Schlossberge zu Ballenstedt", Verlag Anhaltische Rundschau Dessau,(o.J.).

Springer, M.
„Die Kraft der Namen" in Beitr. z. Regional- u. Landeskunde S.-A. H.28 Halle (2003), S. 15

Starke, Theodor
siehe Brinkmann, Starke.

Tierspuren in Mauersteinen bei der Burg Anhalt
frdl. Mitteilg. E. Nier: Backsteine der Burg Anhalt mit Tierspuren befind. sich im Bestand des Ballenstedter Museums.

Ulrich, Gustav
„Schlösser und Kunstschätze Anhalts" in: Salonblatt, Illustrierte Wochenschrift für Gesellschaft, Theater, Kunst, Jg. 6, Nr.33, Dresden (1911), S. 946.

Uta von Ballenstedt
Uta von Ballenstedt, Schwester Esikos, bekannt als Stifterfigur „Uta von Naumburg" im dortigen Dom.

Veeser, Elmar
„Fehden, Fälschungen und die Hoffnung auf Barmherzigkeit – die Gründungsgeschichte des Klosters Maria Laach", Hrsg. Stadt Andernach u. die Verbandsgemeinden Brohltal, Mendig, Pellenz (2003).

Walz, Josef
Grundriss-Skizze der Großen Harzburg Heinrichs IV. v. R. Nehring 1902, skizziert von W. Babinecz nach einer Vorlage in: J. Walz: Der Harz – Kunst-Reiseführer Du Mont-Verlag Köln 2. Aufl. 1995 S. 68.

Wäschke, Wilhelm
"Anhaltische. Geschichte", Bd.1, Verl. O. Schulze Köthen (1912), S.100.
- Zitiert den Sachsenspiegel: „Von der Herren Geburt. Nun vernehmet über der Herren Geburt in dem Lande zu Sachsen: der von Anhalt und der von Brandenburg und der von Orlamünde und der Markgraf von Meißen und der Graf von Brehna, diese Fürsten sind alle Schwaben." in: Anhaltische Geschichte, Bd.1, Verl. O. Schulze Köthen 1912, S. 67-68.

Wikipedia-Einträge (u.a.)
„Kleine Eiszeit" 15. bis 19. Jh., etwa ab 1400 (Stand 7.11.2021).

„Wichmann von Seeburg." Pfad: Leben, Bischof von Magdeburg (8.10.2021).

„Heinrich I. Fürst von Anhalt" (Stand 28.4.2020).

„Reichsinsignien" - die wichtigsten waren Reichskrone, Heilige Lanze, Reichsschwert und Reichskreuz.

„Herzogtum Braunschweig-Lüneburg" (Stand 28.5.2020).

„Thüringer Grafenkrieg" (Stand 14.2.2020).